给新教师的建议

李镇西等　著

湖南人民出版社·长沙

图书在版编目(CIP)数据

给新教师的建议 / 李镇西等著. —长沙:湖南人民出版社,2023.5
ISBN 978-7-5561-3035-1

Ⅰ.①给… Ⅱ.①李… Ⅲ.①青年教师—师资培养—研究 Ⅳ.①G451.2

中国版本图书馆CIP数据核字(2022)第161211号

给新教师的建议
GEI XIN JIAOSHI DE JIANYI

著　　者:李镇西 等
出版统筹:陈　实
监　　制:傅钦伟
产品经理:冯紫薇
责任编辑:张玉洁
责任校对:张命乔
特邀编辑:王洪然
封面设计:刘　哲

出版发行:湖南人民出版社有限责任公司〔http://www.hnppp.com〕
地　　址:长沙市营盘东路3号　　邮　编:410005　　电　话:0731-82683357

印　　刷:长沙新湘诚印刷有限公司
版　　次:2023年5月第1版　　　　　　　　印　次:2023年5月第1次印刷
开　　本:880 mm×1230 mm　1/32　　　　印　张:8
字　　数:150千字
书　　号:ISBN 978-7-5561-3035-1
定　　价:52.00元

营销电话:0731-82221529(如发现印装质量问题请与出版社调换)

在反思中成长

李镇西

　　这本小册子是写给刚参加工作的年轻教师的，里面饱含着我和我的同事们对年轻同行的真诚建议。

　　在所有建议中，我们认为最重要的建议是做一个反思型教师。

　　我认为，对一个教师来说，推动其教育事业发展的轮子有两个，一个叫作"情感"，另一个叫作"思考"。对教育的情感使他热爱孩子，忘我地工作，并从中体验到奉献带来的自豪；对教育的思考使他明确自己的教育方向，科学而理性地设计、实施自己的教育计划，同时不断地总结、提炼、升华自己的教育实践。

可以说，绝大多数教师都对教育有着真诚的情感，因而能够发自内心地热爱孩子、热爱自己的职业；但作为一项事业，教育仅仅有情感是不够的，至少是不完美的。我们不能仅仅向学生奉献心血、青春以至毕生的年华，不能仅仅因学生的成长和成功而喜悦，我们还应该在教育学生的同时，提升自己的事业境界和人生品位；在学生成长和成功的同时，自己也应该不断成长并走向成功，从中体验人生的快乐，为自己的生命喝彩。

而要达到上述境界，我们就必须做反思型的教师。何谓"反思型教师"？通俗地说，就是通过思考，解剖自己的日常教育实践，不断超越和提升自己教育境界的教师。当然，必须强调的是，反思型教师绝不仅仅是"想"。以我的经历和切身体会来说，我认为一个真正的反思型教师至少应该具备四个"不停"：不停地实践，不停地阅读，不停地写作，不停地思考。当然，这四点绝不是互相分离的，在反思型教师的日常生活和工作中，不停地实践，不停地阅读，不停地写作，不停地思考，完全是融为一体的，其中，思考贯穿于教育的每一个环节。

不停地实践。这里的"实践"就是全身心地投入到课堂之中，投入到学生之中，踏踏实实地做好每一件日常工作。和一般老黄牛式的"干活儿"不同，反思型教师的实践，有两个特点：第一是"科研性"，就是不盲目地干，而是把每一个学生都当作研究对象，把每一个难题都当作课题，以研究的心态对待实践；第二是"创造性"，就是在实践的过程中，既不重复别人也不重复自己，每一阶段都要有创新，都要有超越。

不停地阅读。反思型教师是终身学习的身体力行者，需把阅读当作每天必需的生活内容。反思型教师的阅读，也有两个特点：第一是"专业性"，教育名著、教学专著、教育教学报刊等，都是阅读的对象。第二是"人文性"，作为人类精神文明的传承者，除了认真阅读教育教学专业书，反思型教师还要读一些政治、哲学、经济、历史、文学等领域的书，这些领域的书看似与教育无关，实则紧密相关；这些书将带领我们徜徉于人类精神文明的长廊，在触摸历史的同时憧憬未来，在叩问心灵的同时感悟世界。

不停地写作。这里的"写作"实际上是指搜集挖掘自己的教育矿藏的过程，也是总结提炼自己教育智慧、教育艺术的过程。同样，和有些教师仅仅是应付职称评定的"写作"不同，反思型教师的写作也有两个特点：第一是"日常性"，把写作当作自己的需要并养成习惯，通过每一天的写作点点滴滴地积累教育心得，而不是到期末为了应付校长才写一篇总结；第二是"叙事性"，就是写原汁原味的教育案例，而不必煞费苦心地"构建"什么理论框架，也不借时髦的"理论"和晦涩的名词来进行学术包装，就是让自己的教育故事保留鲜活的气息，让心灵的泉水自然而然地流淌出来。

不停地思考。教育本身就是最具创造性的精神活动，所以教育者充满理想主义激情的人文情怀和独具个性的思考精神，应当贯穿于教育的每个环节。这里的"思考"首先指对自己的思考，即把自己当作研究对象，揣摩、琢磨、体验、品味自己已经和教育水乳交融的日常生活；同时，"思考"也包括关注、研究、咀嚼、审视别人的教育实践、教育思想。如果这思考带有检讨、解剖、质疑的意味，它便成了我所理解的"反思"，这种反思的习惯和能力正是任何一个教师走向成功必不可少的精神素养和职业品质。

在教育实践中，我们的反思主要包括：

对教育失误的反思。任何一个教育者在其教育生涯中，都会犯这样或那样的错误。区别优秀的教育者和平庸的教育者，不在于教育者是否犯错误，而在于他如何对待已经犯了的错误。善于通过反思把教育失误变成教育财富，是一个教育者从普通教师走向教育专家以至教育家的最关键的因素之一。

对教育实验的反思。既然是实验就有可能成功，也有可能失败，如果能够以科学的态度进行反思，即使是失败了的教育实验，也是一笔财富；而对于成功的实验，同样需要以科学的眼光进行实事求是的剖析和评价。我的"未来班"实验，按说是当时公认的成功实验，但我仍然从不断变化的时代要求中进行严肃的反思，最终促进了我教育观念的更新。

对教育行为的反思。反思不仅仅是针对明显的教育失误，也包括对自己一切教育（含教学）行为的反思：和学生谈一次心，上一堂课，组织一次活动，甚至和学生交往过程中的某一个蕴含教育因素的细节，都可以成为我们反思的内容。精益求精，与时俱进，因人而异，都可以使我们的教育更加完美，更具心灵的感染力。

对教育现象的反思。教育者的反思，不应仅仅局限于对自己教育的反思，还应该扩展为对自己所见教育现象的反思。作为一个有责任感同时胸襟开阔的教育者，要会关注与自己相关或间接相关的其他教育现象，并以科学的态度——尤其是批判的眼光进行审视和追问。在解剖自己的同时，解剖整个教育，这是我们应该追求的教育反思境界。

对教育理论的反思。我们尊重理论，但不迷信理论。我们在继承古今中外一切优秀教育理论与传统的同时，理应以追求科学、坚持真理的胆识，辨析其中可能存在的错误之处；对一些似乎已有定论的教育结论或教育命题，我们也可以根据新的实际情况、新的实践予以新的认识与研究，或修正，或补充，或发展。没有千千万万普通教育者富有个性的反思和富有创造性的实践，就不可能推进教育理论的蓬勃发展。

除了我之外，胡成、刘朝升、潘玉婷、郭继红几位老师也参与了本书的编写，我们没有面面俱到地讲述教育的所有方面，只是根据我们的教育实践提了一些我们体会比较深的建议。这些建议也未必是"包治百病"的"灵丹妙药"，但我相信对刚参加工作的年轻教师多少会有一些参考价值。如果读者读了此书，能够有所启发，并根据自己的教育实际创造性地运用这些建议，我们就心满意足了。

第一章 关于"基本素养"的建议

第二章 关于"师生关系"的建议

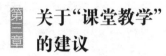

关于
"基本素养"
的建议

在不断学习中追求我们的理想

列宁在其《哲学笔记》里写道："人需要理想，但需要人的、与自然界相适应的理想，而不是超自然的理想。"费尔巴哈说："我们的理想不应当是被阉割的、失去肉体的、抽象的东西，而应当是完整的、实在的、全面的、完善的、有教养的人。"这些话阐明了理想的重要性，告诉了我们理想必须根植于生活、工作。

相信每一位新教师，都是怀着满腔热忱，把关爱生命、呵护成长当作崇高的教育理想，走上人民教师这一光荣而神圣的工作岗位的。然而，要在教育工作中实现理想，并不像我们想象的那么简单。步入社会，我们会经历很多的挫折与坎坷，会面对很多的诱惑与考验。在与社会磨合的过程中，有的人会丢掉自己原来的理想，变得空洞无物，毫无生机。作为一名新教师，最重要的就是要有良好而辩证的心态，面对纷繁复杂的社会要淡定，面对活泼可爱的学生要真诚，面对平凡琐碎的工作要有高度的责任感和饱满的热情。这样，我们才能够坚定自己的理想。

良好的教育素养和教育艺术是实现教育理想的保证。教书育人是我们的职责，我们面对的不是规规矩矩的产品，而是一个个鲜活的生命。教师对学生的教育就是一次次对生命的塑造。教育艺术，我们可以通过学习和交流加以了解，但要想全面掌握并运用自如就必须在教学实践中去摸索和体会，不断总结和提升。同时，教育素养的提高也是提升教育艺术不可或缺的重要因素。

教育素养是由什么构成的呢？苏霍姆林斯基说过：教育素养首先是指教师对自己所教的学科要有深刻的知识。只有当教师的知识视野比学校教学大纲宽广得无可比拟的时候，教师才能成为教育过程的真正的能手、艺术家和诗人。由此可见，教育素养最重要的一个内容就是专业素养。此外，还要有良好的心理素养、表达技能和组织管理能力等。这一切，都要求新教师在教研、备课、上课、听课、评课等教学活动中不断地学习，不断地完善。

走上工作岗位后，我们的学习就与在校园里的学习有了很大的不同，我们不仅要继续从书本上学习，增加科学文化知识，提升人文修养，还要在实践中学习，积累教育教学经验，提高教育教学水平。我们教育的对象是一个个鲜活的生命，是一群活泼可爱的孩子，他们正处于极不稳定的成长过程中。因此，我们的教育工作就更加具有偶然性和挑战性。苏霍姆林斯基认为，决定教育工作的技巧、完善的条件之一，就是教师要善于以活生生的理想为目标，要善于在一个人的身上看出他的本质与特性。这就要求我们具体问题具体分析，深入了解每一个教育对象的特点，充分发现他们的优点和缺点，把我们的教育理想具体到每一个学生的身上。

我们强调新教师要在实践中学习，但并不是说就不需要理论知识的补充了。读书的重要性，我想没有必要在此多做强调。不过，走上工作岗位后，我们的阅读就应该有比较强的针对性。我们不仅要为自己而阅读，还要为学生而阅读。不再只学习书本知识，不再仅以提高自己的修养而学习，这应该就是在工作中学习与在学校学习的最大区别。

走上讲台，我们与社会的联系就会变得更加紧密，所以我们应该把教育的视野放得更宽，认识到学校教育作为一种社会行为，不是孤立的教育，我们的教育工作不应该仅仅局限于课堂或局限于学校范围内。学校教育必须深深地植根于社会，为社会的进步服务。我们知道，家庭教育、学校教育和社会教育共同构成了一个人的完整教育。其中，学校教育被重点凸显出来。在现代社会中，因为种种原因，很多孩子的家庭教育处于缺失或半缺失的状态。这就使学校教育陷入了被动，也给学校教育带来了很大的困难。为了适应社会的发展，我们在对学生进行教育的过程中，必须把与家长的沟通纳入我们的工作范围。我们要让家长明白家庭教育的重要性，了解更好的教育孩子的方法。我们还要注意与社会教育的衔接，因为我们和孩子都是社会中的一员。我们要积极参与社会活动，也要引导孩子关注社会，适当地参与社会活动。这样，家庭教育、学校教育和社会教育三位一体，才会使我们的教育事半功倍，让我们的教育水平大大地提高。

学习是为了工作，我们要在工作中学习。新教师应该充分发挥基本功扎实、知识结构合理的优势，在教育教学过程中不断学习，迅速实现角色转换，培养教育智慧，提升教育水平。让光荣神圣的三尺讲台见证我们的成长。

让阅读成为生活的一部分

　　苏霍姆林斯基说："真正的教师必是读书的爱好者。"这句话告诉我们阅读是每一位教师教育生活的一部分。

　　阅读有助于我们自身素质的提高和专业水平的进步。学生时代，我们大多是"读书的爱好者"，在大学校园里，我们有大量的时间和固定的地点读书，阅读既是我们的爱好，也是一门"必修课"。然而，一旦走上工作岗位，你就会突然发现，能让我们自己支配的时间变少了。每天都要写教案、批作业、与学生谈话，大部分时间都花在应付这些杂事上，哪里还有读书的时间？时间是挤出来的。李镇西老师无论去哪里都带着书，他可以在候机厅里读书，在病房里读书，在理发店里读书——读书已经成为了他生活的一个必不可少的组成部分。所以，新教师千万不要因为工作的繁忙而丢掉读书的好习惯。爱因斯坦曾告诫大家：人的差异在于业余时间。放眼各行各业的佼佼者，没有谁是不利用业余时间苦心钻研的。钻研的重要方式之一就是读书。不管你有多忙，你都会有一些业余时间，那么就请你充分利用业余时间来读书吧！

新教师在刚接触实际的教育教学工作时，其优势在于有很新的知识储备，有合理的知识体系。这个阶段我们最应当读的就是有关教育教学经验和学习方法之类的书，如名家谈教育、学科教学的专业期刊等。这些书会在运用教师的知识体系与构建学生的知识体系之间起到桥梁与纽带的作用。其实，大家还可以把大学本科阶段所学的专业书再找出来阅读，温故而知新，旧书重读一定大有裨益。另外，还可以查阅本学科硕士以至博士研究生的《招生简章》，参考《招生简章》上所指定的书目购书、读书。这些书可以为我们在专业纵深方面的发展指明路径。新教师要提高自己的专业素养，其根本点就在于不断学习新的教育理论，不断更新自己的知识结构，用先进的教育思想来武装自己的头脑。总之，教师的专业阅读是促进教师专业发展的必要手段和有效途径。

我们在注重专业阅读的同时，还应注重对其他学科知识的涉猎。当前，我们提倡六类书籍的阅读：（一）名人传记；（二）教育家专著及随笔；（三）专业书；（四）现代科技书；（五）当代文学书；（六）学习方法书。读名人传记，可从名人的人生轨迹中寻觅人生的真谛；读教育家专著及随笔，可直接受到启发，学习其教育经验；读现代科技书，可了解科学技术的迅猛发展；文学作品更是社会生活的反映，多读此类书能帮助我们感悟生活，提高写作水平；而读学习方法的书，则可更好地指导学生学习。此外，我们还应关注学生爱读的书。这一类书不仅充满时代的气息，而且贴近学生的生活。常读这些书，能帮助我们更好地了解学生，让我们在与学生沟通时有更多的共同语言。总之，教师读书是提高自身素质的重要途径。

新教师在阅读时应注重精读与泛读相结合，精读专业著作，有助于提升专业水平；而泛读有关文学、史学、现代科学技术等方面的书，则能拓宽知识面，培养人文底蕴。

有选择的泛读就是对大部分浅显易懂的书或阅读价值不高的书籍报刊随手翻翻；或是根据自己在课内外学习或写作上的某种需要，有选择地阅读有关内容，从中发现精彩之处及时记录、积累，以备后用。另外，可以翻看部分具体内容，掌握书的大概内容；也可以快速默读，用较快的速度了解一下大概的意思，以求在有限的时间内获得更有价值的信息。

精读即对书报上的某些重点文章或自己感兴趣的内容，集中精力，精细地读。苏轼曾说："书富如入海，百货皆有，人之精力，不能兼收尽取，但得其所欲求者尔。故愿学者每次作一意求之。"泛读让我们不孤陋寡闻，而精读则让我们不肤浅。最关键的是，阅读的过程应该专心致志，除用大脑思考外，还应养成做笔记、写摘要、加评语和写感想的好习惯。历史学家吴晗说过："要想学问大，就要多读、多抄、多写。要记住，一个人想要在学业上有所建树，一定得坚持这样做卡片、摘记。"唐弢先生也认为，大凡读书，一定要做读书笔记，不要自恃年轻、记忆力好就不做笔记。如果不写读书笔记，书读多了就容易混杂。而随着年纪的增长，记忆力逐渐衰退，这就难免要吃亏。好的读书笔记是人与书亲密对话的见证。你读到哪儿最有感觉，你觉得哪些内容最有价值，你感觉哪个部分最为重要，你发现哪里最为可疑，都不妨记录下来。一字一句地记，可以使你加深印象，增强记忆；分门别类地记，可以让你积累知识，厘清思路；挑出重点地记，可以帮你把握要领，深化对意义的理解。

培养良好的阅读习惯是一个漫长而艰巨的过程。习惯，是指在长时间里逐步养成的、一时不容易改变的行为或倾向。习惯一旦养成，便会成为一种无形的力量，它能使行为达到自动化的程度。试想，如果阅读成为我们生活中的一种习惯，融入了我们的生活，就像洗手、刷牙、洗脸一样是必需而自然的事，那是多么朴实而又美好啊！这样，我们就不会把阅读当作一个任务了。

良好的阅读习惯包括以下三个方面的内容：（一）阅读兴趣方面：有见到书报就想看的欲望。初步养成经常看书、浏览当天报纸和近期刊物的习惯。（二）阅读方法方面：能边看边思考，善于收集需要的资料，并分门别类地做好材料的整理工作。（三）阅读品质方面：敢于质疑，乐于交流。

阅读是成长的基石，是创新的基础。苏霍姆林斯基说："一种热爱书、尊重书、崇拜书的气氛，乃是学校和教育工作的实质所在。"读万卷书，行万里路。让阅读成为生活的一部分，做一个称职的教师、优秀的教师，是我们每一位新教师的愿望，也是我们每一位新教师的责任！

积极参与教研活动，迅速提高业务水平

　　教研活动是教师分析教材、探讨教学方法、实践教学手段、提高教育教学水平的一种业务活动。它能不断推动教学改革，加快教师的专业成长，提高教师的业务水平。教研活动是所有教师必须定期参加的教学活动。它是教师继续教育的舞台，更是架设在新教师的教育理论与教育实践之间的桥梁。新教师应该积极参与各级各类教研活动，迅速成为教育教学的能手。

　　教研活动按组织单位可分为省、市、区、学校等各级教研活动。省市级教研活动主要是在宏观上整体把握本省、本市的教学走向和教学动态，推广先进的教育理念和教学经验。如成都市教科所组织的全市大型教研活动，一般是一学期一次，时间基本都在开学的初期。其内容主要是分析上学期全市调研考试的情况，布置本学期的教学任务，分析本学期教材的重点难点，安排示范学校介绍教学经验等。区级教研活动主要是结合本区的教学特点进一步深化教学工作，一般是一个月一次，贯穿于整个学期。其内容主要是推出本区的优质课和示范课，通过课堂诠释教育理念，安排本区的学校做教学经验交流等。学校的教研活动则更为具体，一般是每周一次，在教研组长的带领下，分析每一个单元的教学、每一篇文章的教学，把教学目标具体化，落实教学方法，统一教学进度。另外，还要针对一些教学细节进行讨论，如怎样高效地批改作业，怎样指导学生的朗读，怎样落实文言文的翻译，怎样规范学生的书写等。这些问题虽小，但非常实在，教师们见仁见智的意见，能帮助彼此迅速提高教育教学水平。细节是魔鬼也是天使，教育教学活动就是由无数细节组成的。我们注重了这些细节，才能使教学日趋完美。

听讲座是教研活动的形式之一，主要是听专家讲解教育理论和教学经验。这些讲座学术性很强，有助于提高教师的理论水平。还有听示范课，示范课主要是由优秀教师展示课堂教学风采，有助于提高教师的实践能力。我们应学习优秀教师是怎样分析把握教材的，是怎样调控课堂、引导学生的。优质课能给我们提供非常直观和有效的教学方法。另外，教研活动的形式还有沙龙式的经验交流，在这种形式中，教师的参与性最强，围绕教学中的某些具体问题，每个人都可以发表意见，畅所欲言，在交流中迸发出思维的火花，产生教学的灵感，此时人人都成了教育专家。随着教学改革的深入，教研活动的形式越来越多样化，教师也越来越能够在多样化的教研活动中激发出更高的教学热情，不断提升教学水平。

新教师如何有效地参与教研活动呢？

首先在思想观念上要高度重视，虚心学习，认真对待每一次教研活动。我清晰地记得第一次去参加教研活动的情景。那次教研活动的地点距离我校很远，交通极不方便。我原本想以此为借口就不去参加教研活动了，于是去向组长请假。我们语文教研组组长是一位有三十多年教龄的德高望重的教师，听了我的要求，他非常诧异，只说了一句话："明天我用自行车载你去。"第二天，他用自行车载着我在凹凸不平的小路上颠簸了一个多小时才到达目的地。教研活动结束后，我们又急忙冒着雨回学校，因为下午还有课要上。下车时，我双脚发麻，我们组长累得气喘吁吁，说话声也比往常小了许多。我对他说："林老师，凭你的资历完全没有必要参加这次教研活动了吧。"他告诉我："年轻人，只要你是教师，你就应该认真参加教研活动，一次也不能落下啊。"那次教研活动的内容我早已不记得了，但是积极参加教研活动的态度却一直保留了下来。

新教师对待教研活动应是参与而不仅仅是参加，因为参与更能体现主动性。我们观摩完优质课后，应仔细思考，哪些方面是值得自己学习的，自己的不足在什么地方。评课的时候，要大胆发表自己的观点。新教师在教研活动中的角色不是观众而是参与者。我们要珍惜每一次教研活动，尽可能把教研活动当作展示自己的舞台。如果有机会上研究课，就一定要上，不要怕暴露自己的缺点，多上研究课能使自己迅速地从稚嫩走向成熟。如果能参加赛课，就更应该珍惜。赛课可以打磨教学技术，培养良好的心理素质，展现个性化的教学风格。许多优秀的青年教师正是通过赛课脱颖而出的。李镇西老师曾在四川省青年语文教师课堂大赛上，以一堂《孔乙己》征服了所有听课教师，产生了强烈反响，获得了第一名。他"举重若轻，行云流水"的教学风格将他的才华展现得淋漓尽致。我校郭继红老师在参加工作的第一年，就参加了成都市赛课、全国西南三省赛课，她上的《天上的街市》《人民英雄纪念碑》均获一等奖。赛课的成功，极大地鼓舞了年轻的郭老师，短短几年，郭继红老师就成了成都市优秀青年教师、市级骨干教师。回忆这次赛课，她说："为了一堂课，我真是达到了寝食难安的地步。""这堂课在我心中上了无数次，我觉得赛课真是太锻炼人了。"无数的年轻教师正是通过赛课获得自信，走向成功的。

我们在平时的教学工作中，应善于思考，把遇到的问题记录下来，以便在教研活动中，带着问题去教研，把这些问题同经验丰富的教师交流，以加强教研活动的针对性，从而使教研活动成为提高自己教学水平的有效途径。

在教研活动中我们要用一个专用笔记本做好记录，千万不可东一篇、西一篇，丢三落四。要记录清楚活动时间、地点、负责人、参加人员、主要内容。教研活动结束后要写教研活动反思，主要是明确可供自己借鉴的地方。要有资料保存意识，保管好教研活动记录本。

　　高效的教研活动，在我们的教育教学中发挥着重大的作用。它是教师之间互相交流和学习的平台，新教师在这里完成了从学生到教师的转变，中青年教师在这里逐渐形成了自己的教学风格，老教师在这里把自己的教学经验毫无保留地传承给后来者。教研活动是无数把教育当作事业的教育工作者的精神家园。

虚心对待师徒结对

师徒结对古已有之，各行业有之。在我国古代，很多行业经验就是靠师传徒的方式传承下来的。如今师徒结对这种方式被广泛地运用于教育行业中，它充分发挥了各学科带头人和骨干教师的优势，加强了对新教师的培养工作，从而在较短时间内迅速提高了新教师的政治觉悟、职业道德、教育教学、科研和基本功等方面的素质。师徒结对已经成为一种有效而迅速地培养新教师的途径。

师徒结对的队伍是如何形成的呢？一般是由学校主管教育教学的部门，根据新教师的教学学科和所教年级，挑选本学科本年级的优秀教师担任新教师的指导教师。师徒二人签订协议，协议上规定了各自所要履行的职责和应尽的义务。最后，在全校大会上，校长公布师徒结对的具体情况，师徒进行宣誓，承诺竭尽全力共同进步。这一环节将师徒双方公之于众，使其接受全校教师的监督，体现了师徒结对的庄重。有的学校还将参与师徒结对教师的考核进行捆绑，主要是希望指导教师能全心全意地进行行之有效的指导。

师徒结对正式形成以后要做哪些方面的工作呢？一方面是学科教学指导。主要从以下几个环节落实。首先是备课，备好一堂课是上好一堂课的基础。我们通常的做法是：新教师与指导教师各自备课，完成教学设计，然后再讨论。在讨论中就教学方法的确定、教学思路的设计、教学难点的突破达成较为一致的意见，为上课做好充分的准备。在上课这一环节当中，新教师需要跟踪听课，并做好教学记录，要重点学习指导教师是如何有效组织教学、调动学生的积极性的。在教学工作中我们常常会发现新教师在备课时是非常认真的，为了上好一堂课，他们会查阅大量的资料，写出详细的教学设计。然而在上课时却常常因为紧张，导致对课堂的驾驭能力不强，最终一成不变地照着教学设计的内容完成教学任务。新教师与指导教师在教学方面的最大差距并不是在备课上而是在课堂上。我校潘玉婷老师是一位非常优秀的老师，她长期担任新教师的指导教师。一次她在上《重塑生命》这一课，一位学生在评价莎莉文老师的时候，说了这么一句话："莎莉文老师是一位爱生如子的老师。"话音未落，同学们纷纷说："错了，错了，海伦·凯勒不是莎莉文老师的孩子。"潘玉婷老师立即抓住了这一点说："同学们请认真思考一下，这位同学这样说不对吗？"同学们陷入了沉思之中，不一会儿，一位同学说："我想了想，觉得他说得很好，莎莉文老师与海伦·凯勒没有血缘关系，但她对海伦·凯勒就像对自己的孩子一样，由此我们可以看出莎莉文老师的精神是多么高尚，她对海伦·凯勒的爱是一种超越了血缘的爱，是一种博爱。"潘玉婷老师说："是啊，这种爱超越了血缘，超越了生命！这需要无比高尚的情怀。母亲对孩子的爱是世界上最纯净的感情。母亲对孩子的付出是世界上最不求回报的付出。莎莉文老师像一位母亲一样竭尽全力教双目失明的海伦·凯勒认识世界，懂得什么是爱。我认为爱生如子是对莎莉文老师最高的评价。让我们把掌声送给这位同学，他用最朴实的语言做出了最精彩的点评。"这一个细节成为这堂课的一个亮点。潘玉婷老师以她的智慧敏锐地抓住了一个细节，很好地利用以小见大的方式引导孩子们完成学习任务。

备课是一门技术，而上课是一门艺术。同样的教案，会由于授课者的不同，在上课的过程中形成差异，教学的效果当然也就有了优劣。新教师上课时指导教师会到场听课，并在课后提出真诚的意见。

新教师应更加重视课后的工作，批改作业必须认真严谨，通过检查作业，发现教学中的疏漏，做到及时弥补，对学生加强辅导。我们在课后多付出一点，就能弥补上课中的不足，缩小与指导教师在教学效果上的差距。

另一方面是班主任工作指导。班主任工作是用心灵塑造心灵的工作。优秀的班主任不仅要遵循班主任的基本工作原则，还需要在此基础上有自己个性化的东西。个性化的东西越多，班主任的育人风格就越鲜明。个性化的东西是优秀班主任在工作中不断摸索出的经验。

我们每一位班主任都会遇到如何把班级建设成为班集体这一问题，有经验的班主任不会把班级建设停留在班委的组建和班规的制定方面，他会在班级文化建设上下功夫。制度可以约束人，但真正深入人心的必须是一种思想。新教师一定要学习那些对个性化教学具有指导价值的育人经验，做好班主任工作。

新教师如何对待师徒结对呢？

做有心人，处处观察。教育无小事。我们有的教师在批改作业时用笑脸和哭脸来评判学生作业的好坏。看似一个很小的举措，却告诉学生这样的信息：老师很在乎你，你在老师心中很重要，你的作业能给老师带来快乐与忧伤。老师的关注也能成为学生学习的一种动力。新教师就是要善于观察，否则你就会觉得这也无所谓、那也不值得。新教师的知识储备是绝对能够胜任教学工作的，我们需要做的就是在小事上仔细观察优秀教师是怎样做的，并学习他好的经验。

做用心人，事事思考。俗话说："师傅领进门，修行在个人。"靠个人的什么呢？就是靠个人的悟性，用智慧去悟，用责任心去悟。新教师在听指导教师上课时，应认真思考自己能怎样上课。依葫芦画瓢是永远不会进步的。青，取之于蓝，而青于蓝；冰，水为之，而寒于水。任何的学习，都是为了超越。

一位优秀教师不仅要具有出众的业务水平，而且要具有崇高的精神境界。新教师在接受优秀教师的业务指导时，更应学习他们的优秀品质。

师徒结对，利用骨干教师的示范和指导作用，帮助新教师解决在工作中出现的问题与困惑，从而从根本上提高新教师的教学能力和业务素质。

多写写教育随笔

　　教育事业的魅力在于它经常能让人寻找到感动。工作中的感动、困惑、喜悦、愤怒、成功、失败都值得我们珍藏，珍藏的最好方式就是写教育随笔。我们用教育随笔记录下工作中的点点滴滴，若干年后，当我们回过头来看自己走过的路时，翻翻自己写的教育随笔，一定会因踏踏实实工作而感到欣慰。

　　李镇西老师在刚刚走上工作岗位的时候，就经常用教育随笔记录下他在工作中做的一些事情。几年以后，他把教育随笔进行整理，出版了《爱心与教育》一书，引起了巨大的轰动。轰动效应的产生源自那些充满着鲜活生命且感人至深的教育故事，每一个教育故事都凝聚着教师的心血。李老师有十几本教育专著，每一本都有很强的可读性。教育随笔为他的写作提供了大量的素材，从而避免了空洞的说教给人带来的枯燥乏味之感。我想当初李老师在写教育随笔的时候，并未想到今后自己会成名成家，他只是想用这样的方式来记录下他对爱心教育的理解与实践。我们年轻教师在写教育随笔时，应该抛弃功利主义思想，单纯而执着地用教育随笔记录下我们丰盈而充实的教育生活，见证自己的成长。

教育随笔主要有以下几种形式：

（一）教育叙事。教育叙事主要是记录在教育教学工作中发生的值得思考并深入研究的事例。它不是简单地再现事件，我们所记录的事件必须有价值，值得我们去研究、去总结。要写好教育叙事，首先要用心观察，用心感悟，发现工作中有价值的事件，从平凡的事件中发现真理。注意写清楚事件的发展变化，当事人的态度变化，导致变化的因素有哪些，教师有哪些教育行为，在这些行为的支配下产生了怎样的结果。其次要善于提出问题，问题才是教育案例的价值所在。问题越具体越有利于研究，我们应保持对教育教学的敏感性，随时抓住问题，追问问题，解决问题，提高教育教学水平。最后在写的过程中，应注意事情宜小不宜大，宜具体不宜概括。要以朴实的文风，真实地记录事件。写教育叙事不是搞文学创作，不必在写作技巧上精雕细刻，应当力求以真实震撼人的心灵，以真实带给人们对教育的思考。写教育叙事应以叙述为主，展现事件发生的背景，交代清楚事件发生的过程，尽可能描述当时人物的心理状态。如果你很好地处理了某一事件，就应写清楚你处理问题的方法，以便日后不断积累，逐渐形成经验供同行借鉴。如果你没能处理好这件事，也应记下你的遗憾和疑惑，以便与同行交流，探讨解决问题的办法。我们写教育叙事还应注意它的时效性。对触及心灵、灵感闪现或有感而发的事要及时记录，以免思绪稍纵即逝。有话则长，无话则短。通过教育叙事，我们要展现的是对教育的思考。

（二）教学后记。教学后记是教师在课后对自己教学行为的自我评价和反思。它是教学工作的一部分内容，是提高教学质量的重要环节。教学后记是用笔记的形式记录授课时的成功与不足，在不断的总结中提高教学水平，形成教学风格。教学后记是对自己的剖析，有浓厚的批判色彩。撰写教学后记应注意言简意赅，紧紧围绕课堂教学分点归纳教学中的不足与成功。每一篇教学后记都应重点突出而不是面面俱到。若能一课一得，日积月累，今后一定会取得了不起的成绩。如今天的课，我的引入不够精彩，没能营造很好的教学氛围，我就下功夫，想办法让明天的课一开头就吸引学生。同时，写教学后记也应注意及时性，俗话说打铁需趁热，如果不及时反思教学中的问题，就失去了写教学后记的价值。

（三）教育专著阅读心得。如果说我们写教育叙事、教育后记是在不断积累经验，那么，阅读教育专著则是在提升我们的理论水平。写阅读心得时我们可以采用摘录的方式，摘抄精彩的语言，结合工作实践谈理解。定期把阅读心得总结归类，可按学科教学、班主任工作、个人修养等方面进行。

教育随笔的"随"体现在写作内容的广泛性、写作手法的灵活性上。它反映了一位教师对工作的责任心和事业心。写几篇教育随笔是一件容易的事，但把写教育随笔当作教育教学工作的一部分，长期坚持，形成习惯，就需要我们的恒心与毅力。我们可以把教育随笔放在网上，与同行分享、交流，还可以把教育随笔进行整理，提高质量发表在专业杂志上，这样可以进一步激发我们写教育随笔的兴趣，增添写教育随笔的力量。我们用教育随笔记录工作中的得与失、乐与忧、付出与收获，记录下我们对教育工作的思考与探索，记录下我们丰盈而充实的教育生活。多年以后，它会成为我们教育教学水平从稚嫩走向成熟的见证。

附：教育随笔一篇

"老师，我能把我的藏袍带来吗？"

题记：做好班主任工作的前提是必须从内心深处接纳你的学生。

新学期开学的第二天，教务主任小满带着一名学生走进了办公室，说："胡老师，你们班又要转来一名学生。"我打量了一下小满身后的孩子，个子不高，长得很结实，头发蓬松而微带卷曲，眼睛大大的，特别有神，黝黑的皮肤把牙齿衬托得特别白净。这是一个典型的藏区孩子。"小满，他的成绩怎么样？行为习惯怎么样？"这是班主任最关心的问题。小满听我这样一问，赶忙将我拉到一边，小声地说："确实是比较调皮的孩子，需要多多注意。"听了小满的话，我十分不愿意地带着这个藏区的孩子走进了教室。

果然不出我所料，这是一个令人头疼的孩子。没过几天，我就发现他几乎不做作业。我把他叫到办公室，问："星期六，星期天，你到哪儿去了？"他回答道："我就在学校。""那你为什么不做作业呢？""我在电子阅览室查资料。"我愣了一下，心想：学校的电子阅览室星期天也开放？反正他也没到校外做什么不好的事，就算了吧。我没有再继续想下去。过了两天，在一个非常偶然的情况下，我了解到周末学校根本没有开放电子阅览室。我又找到他，单刀直入地问："何欢，你为什么要欺骗老师？上周末你到底去了哪里？""胡老师，我没骗你，我确实在电子阅览室待了一整天，只不过那是学校拐角处的巷子里的网吧，网吧的名字叫'电子阅览室'。"一个网吧，竟然美其名曰"电子阅览室"。这件事让我发现了他的狡猾。不久，抽烟、打架、上课睡觉，他的种种恶习都相继暴露了出来。第一次月考，语文14分，数学3分，班级最后一名，年级第780名。语文14分居然出自我教的学生之手，我郁闷了很久。我对他的看法只有一个词：绝望。

学校每年都要举行12·9合唱比赛，何欢自告奋勇地担任了我班的领唱。藏族人真是有一副天生的好嗓子，他非常认真，唱中文歌对他来说并不难，难的是唱英文歌。与他同寝室的同学告诉我，为了唱好英文歌，何欢晚上睡觉前都戴着耳机在床上唱，他的认真劲儿也带动了全班同学。我们班率先冲出了年级预赛，进入了学校的决赛。这极大地鼓舞了全班同学的士气。全班同学都知道要在全校取得好成绩还需付出更大的努力。但就在这关键时刻何欢生病了，吴老师告诉我何欢的腿上和腰上各长了一个疮，需要动手术。听了这个消息，我和全班同学都非常着急，好不容易争取来的在全校展示我班的机会可能就要泡汤了，有同学提议再找一个领唱，可谁都知道临阵换将意味着什么。下午第四节课，同学们一言不发地站在教室里准备排练。突然，教室的门被轻轻地推开了，何欢出现在了我们的眼前，他眼里噙着泪水。在同学们惊喜的眼光中，他一瘸一拐地走进了教室。我走上前去，关心地问："何欢，疼吗？"他点点头，把头埋了下去，我想他应该是不愿让我们看见他的泪水。他走到了自己应该站的位子上，随着指挥的手势，轻轻地唱了起来，同学们也跟着他唱了起来，悦耳的歌声在教室里回荡……

比赛终于结束了，同学们回到了后台，纷纷诉说着自己紧张的心情，何欢蹒跚地走到我面前问："胡老师，我唱得好吗？""好极了，听听同学们的掌声，你就应该知道你有多棒了。"正在这时，李校长兴冲冲地跑了过来，拍着何欢的肩膀与他低声细语了一阵。等何欢满脸笑容地回到同学们中间的时候，同学们高兴地围着他，七嘴八舌地问："何欢，李校长跟你说什么了？""李校长夸我唱得好。"他第一次在同学面前如此自信，如此骄傲。

在合唱比赛中，我班不仅取得了很好的成绩，而且让一个孩子获得了自信，融入了一个新的集体。渐渐地我发现班上的同学爱跟何欢一起玩了，他也开始关心集体了。这天，该何欢担任值日班长了，他非常认真地履行了班长的职责，在当天的班务小结上他做了这样的发言："我是何欢，我爱唱歌，每年的合唱比赛就是我的节日。以前我犯了很多错，不过从现在开始我想改变自己。一个人的一生不可能不改变，但是改变有许多种，有从好变成坏，有从坏变成好，如何改变就要看一个人的志向和理想，我的理想是当一名歌手。我希望同学们能够帮助我。"他朴实的发言，获得了同学们的掌声。这番发自内心的话让我看到了何欢想改变自己的愿望，这是一个孩子积极、向上的一面，我一定要抓住这一良好的教育契机。我在他的作业本上写了一段话："何欢，听了你的发言，老师认为你是一个有理想的人，有了理想就必须为之奋斗。这样理想才能够实现，否则就只是空想。作为歌手必须要有高素质，台上一分钟，台下十年功。现在正是你学知识的黄金时期，是为你今后的路铺基石的时期，如果你荒废了现在，也就毁掉了将来。老师希望你从现在开始努力，在期中考试中能有进步，我们定一个目标——前进一名，行吗？有困难老师一定帮助你。"不久，晚自习的值班老师告诉我，何欢进步可大了。上课时，他能举手回答问题了，他能主动背课文了，他能完成作业了。有什么比看着一个孩子的进步更让人高兴的事呢？期中考试，他实现了自己的诺言，从倒数第一名变成倒数第二名。小小的进步唤醒了一个孩子的进取心。

　　一天，午餐过后，何欢与我摆起了龙门阵，他给我讲他家乡的草原宽阔得走三天也走不到尽头，草原上有各种可爱的小动物，退化的草原一到春天就会开满各色的野花。冬天冷得不得了，上学需戴上帽子，围着围巾，从家到学校不到一公里，眼睫毛上都会冻上冰凌子。喝了鹿血就不怕冷，穿一件衬衣在雪地里玩耍也不会寒冷。他的妈妈很高大，体重接近两百斤了，每次严打的时候，他的妈妈都会穿着警服威风凛凛地站在队伍的最前面。每到盛大的节日，他都会穿上藏袍，好的藏袍非常昂贵，是用动物的皮毛做的，还嵌有各种颜色的宝石——"胡老师，你吃过人参果吗？这是生长在我们高原上的一种植物的果子，甜甜的，营养特别丰富，我们把它和酥油茶拌在一起，可好吃了，下次我一定给你带一些。"听了这些，我惊叹于在一个看似顽皮的孩子心中蕴藏着这么一个鲜活而丰富的世界，惊叹于一个孩子对老师的这种最真挚的情感，我为以前对他的不理不睬而感到惭愧。

一转眼，期末考试结束了，我正准备离开教室，突然，身后传来一个熟悉的声音："胡老师，请等一等。"我一看，原来是何欢。"胡老师，我明天就要回家了，我能把我的藏袍拿来吗？"我明白了他说这话的含义，他希望我能从真正意义上接纳他，让他真正地成为班级的一员。我笑着对他说："这个世界上没有谁能放弃你，除非你自己放弃你自己。我们都很想看一看穿着藏袍的何欢。"

当我拿到期末成绩的时候，何欢已经回到了他的家乡——石渠，这是四川、青海和西藏三省或自治区交界的地方。他的语文成绩是68分，排全年级第598名，我想，吴老师带给他的成绩单会是他最好的新年礼物。

这件事让我明白了发现孩子的闪光点，给他足够的信心，往往会成为改变这个孩子的契机。

后记：记这件事的缘由，是有感于在一次班主任培训会上，李校长说："现在我们在班主任工作中一定要注意这么一个现象——工作越做越琐碎，离学生的心灵却越来越远。"

如何能让班主任工作走进学生的心灵呢？我对这个问题的思考是：要走进学生的心灵首先是接纳班级所有的学生。在一个班级学生参差不齐时，我们往往容易接纳优生，不容易接纳"学困生"。

何欢刚到我们班的时候，我就没能够接纳他，在工作中带着一种排斥的情绪，因此工作显得被动。在日常的班级管理中，班主任的大部分精力都会用在班级的"学困生"身上，如果我们不摆正心态，不从心里接纳他们，就会从内心生出厌恶之感。其次，把"学困生"犯错看作成长过程中不可避免的事情，"错误也是一种美丽"，这样，我们在"学困生"犯错时，就能够有一个平和的心态。平和的心态，会让我们更加理智地解决问题。记住：永远不要在发怒的时候处理任何事情，简单粗暴的方法绝不适宜工作。再次，班主任一定要多与"学困生"交流。教育需要条款，更需要交流。条款是理性的东西，交流是感性的东西，交流体现了人与人之间的温馨。我发现大多数学生很喜欢与老师交流，在无拘无束的交流中，他会感受到平等与尊重。最后，相信所有的学生都有善良的一面，发现调皮学生的闪光点，鼓励他，让他获得成功的快乐。寻找契机，转化"学困生"从交流开始。

班主任工作必须走进学生的心灵。只有走进了学生心灵的教育，才能春风化雨、润物无声，才是尊重的教育、民主的教育。

聆听家长心声，寻找教育契机

社会教育、家庭教育、学校教育构成了对一个人的完整教育。当我们开始教育工作时，与家长的交往也就成了我们工作的一部分。正确地处理与家长的关系，对我们的工作具有极大的推动作用。那么，我们应该怎样处理好与家长的关系呢？答案是我们应该在平等的基础上尊重每一位家长，聆听家长的心声，寻找教育的契机，与家长们在对孩子的教育问题上目标一致，行动协调。

记得刚接新班时，我请了一位家长来谈话，想了解一下他的孩子在小学的学习情况。家长刚一进门，还未落座，就指着孩子骂道："你刚进中学几天就请家长，你说你今天是腿断还是手断。"我吓了一大跳，居然还有这样有暴力倾向的家长，看着孩子哆嗦着往后退的样子，我明白了这是一个被打怕了的孩子。我赶忙向家长说明了我请他来的意图，家长听后脸上露出了愧色，向我倒出了心中的苦水："我是一个农民，1987 年参加高考，2 分之差让我与大学失之交臂，从此我的人生也发生了转变。家里穷，我不得不来到成都打工，干着最苦最累的活——刷墙，每天在粉尘与刺鼻的气味中熬着。干到现在，我手下已有几十个工人了，干着承包工程的活。原来我一直把孩子放在老家，经济条件好一点后，我便把他接到了成都，孩子学习基础差，我就把他放在老师家里补习。我对他寄予了很大的希望，结果，他三天两头出事，我三天两头到学校，小学的门槛都要被我踏破了。终于他进了中学，我现在看着他就来气。我的小女儿很乖，学习很好，从来不要我操心，老大却不争气，打也打了，骂也骂了，钱也花了，我对他真的没有办法了。"我静静地听完了家长的诉说。我想他对"生活艰辛"这个词理解得比我透彻，他在逆境中不放弃的精神，坚信劳动能改变命运的信念是值得我学习的。

　　送走家长，我的心久久不能平静，这一类型的家长在我们班不算少数。他们背井离乡，来到成都奋斗，勤劳吃苦让他们在这个陌生的城市站稳了脚跟。他们的经历让他们强烈地感受到了没有知识、没有文化的痛苦，他们希望自己的孩子能继续在这个城市生活，并且过上比他们更好的生活。孩子的身上承载着太多他们的希望，他们不惜将大量的金钱消耗在选校、家教等方面，甚至把孩子寄放在老师家里，期盼学校教育能代替家庭教育。当孩子不能达到他们的期望时，他们往往以一种简单的方式——打，来对孩子进行教育。这一类孩子大多有着这样的经历：童年在老家度过，陪伴他们童年的是爷爷、奶奶、外公、外婆。在培养习惯的年龄阶段他们缺少行为习惯的约束，学习也完全是在自由状态下进行的，所以接受的教育与城市孩子的教育相比有一定的差距。于是，当他们来到城市的时候，他们迷惑了，城市对他们的诱惑太多了，内心的平衡被打破了。如果这时候在学习上遇到了困难，他们就很容易改变自己的人生航向。浓郁的地方口音，枯燥的谈吐，狭窄的知识面，都有可能成为被同学取笑的把柄。缺少与同龄人沟通，与父母也少有言语，这类孩子最容易陷入孤独与自卑之中。我发现这类孩子的发展容易走向两个极端，要不就是非常优秀，要不就是一塌糊涂。我想，在工作中，我们应该多关爱这样的学生，多和他们交流，消除他们内心的自卑感和恐惧感，促使他们与集体融合。在学习上，多一个标准，让他们感受到学习的快乐。给家长多一点教育孩子的方法，同在一片蓝天下，所有的孩子都应当享有平等的教育。

后来，我通过家访、电话、家校联系本等方式，与这位家长就教育孩子的目标和教育孩子的方式等问题进行了交流，并就教育孩子的目标达成了一致。我们共同的目标就是把孩子培养成一个正直、善良、能吃苦的劳动者。我建议他多给孩子讲讲自己的奋斗故事，他的故事就是对孩子进行教育的最鲜活、最生动的材料。三年的初中生活结束了，这名学生选择了一所职业学校，学习修汽车。当我问他为什么做这样的选择时，他高兴地说："我想了很久，我读普高，考大学没什么希望，我踏踏实实地学一门手艺，将来我就能自食其力了。"

　　新教师在接手一个班级的工作时，首先要认真仔细地了解学生的家庭状况与家长的职业、文化程度等。一个班级中，家长的文化程度、社会地位和个人修养是有很大的差异的，作为教师必须平等地对待每一位家长，不能因为家长社会地位的高低、经济状况的好坏和个人修养的优劣来决定自己的好恶，甚至把这些作为处理问题的准则。平等地对待家长，体现在细节上。我发现每次开家长会的时候，那些衣着入时的家长，孩子成绩优秀的家长，总喜欢坐在中间或前排这些抢眼的位置上。他们喜欢侃侃而谈，喜欢与老师交流意见。那些衣着朴素的家长，孩子成绩不太好的家长，一进门就悄悄地找一个靠边的位置坐下，他们与老师的交流也比较少。我们开家长会，特别是第一次开家长会的时候，可以站在门口，微笑着迎接每一位家长，热情地带领家长在指定的位置就座，尽量做到与每一位家长交换意见。

　　平等地对待家长，还表现在与家长的交往中，教师不是高高在上的训斥者，更不是物质利益的索取者。新教师都想把自己的工作做得出色，学生犯错，一定要冷静，多想办法，不要把请家长当作解决问题的法宝。在与家长交换意见时，我们应多听、多分析，在理解与尊重的基础上，抓住教育的契机，解决问题。在工作中，我们难免与家长在处理问题的方式方法上存在差异，但是只要我们牢记我们的目标是一致的，就是都希望孩子成人，成才，那么还有什么问题不能解决呢？新教师能做到平等地对待家长，就能赢得家长的尊重。得到了家长的尊重，也就获得了家长的信任，有了这份信任，我们的工作就打下了坚实的基础。

对于刚走上工作岗位的教师，学生的家长可能是我们的兄长，也可能是我们的父辈。我们要虚心地向家长学习，理解家长，尊重家长，指导帮助家长，让自己的威信在家长群体中树立，使学校、家庭、社会形成教育合力，从而有效地达到教育目标。

把困难当作机会

作为新教师，在新的工作岗位上将面临许多困难。这些困难需要我们新教师去面对，去解决。解决困难，关键在态度。是被动接受甚至逃避呢，还是积极应对困难、把困难当作一个个发展自我的机会呢？对这个问题的回答，基本决定了新教师能否快速发展自我。

任何一位新教师，都想快速发展自我，以适应新的工作及环境，在自己的岗位上干出一番事业。所以，我们新教师必须把面临的一个个困难当作一个个机会，一个个能快速发展自我的机会，这样，我们将发展得更好更快。

这些困难，归纳起来大概有备课、上课、课堂管理、师生关系、作业批改、"后进生"辅导、同事关系、专业学习等问题。其中，备课、上课和课堂管理三大问题是课堂教学的关键。如果新教师能够把这三个困难解决好，就会逐渐从新手变为教学的熟练手。

新教师叶老师是这样解决备课这个困难的。刚开始，他选择跟一位老教师学习，先听老教师的课，再备自己的课。这样坚持了两三周后他发现，他备的课基本上都是在有意无意地照搬那位老教师的课。因为不是自己的思路，上课老是顾此失彼，这让他很痛苦。他想，就算他是新教师，但毕竟接受了四年师范专业的正规教育，对于备课，他应该有自己的思路，不能照搬别人的思路。但自己应该怎么备课呢？经过反复的尝试和请教其他老教师，他逐渐形成了自己的备课流程：先阅读教材，至少两遍，理出自己认为学生应该掌握的学习目标、重点、难点，以及教学方法、问题设计、板书设计、知识结构等；然后，再阅读教学参考，根据教学参考中的"教学要求""内容点析""教学建议"等修改自己的教学思路；最后，写出详细的教案。在上课前，他请老教师提供修改建议，上课后，还根据教学的实际情况再次修改教案。这样，一节课备了好几次，的确辛苦。但是，这样的辛苦很值得——扎实的备课，让他在课堂上应对自如。

面对备课困难，叶老师没有消极应付，而是积极主动地想办法解决备课的困难，把备课的困难转化为提高自己备课能力的机会。

为了上好课，我们不仅要扎实备课，还要多听优质课，这样，上课的困难就会逐渐解决，驾驭课堂的能力也就会逐渐提高。

向老师为了提高自己的上课能力，经常听老教师上课。听课的时候他什么都听，什么都记录。虽然忙得不亦乐乎，但是感觉真正收获的东西不多。他在网上查阅了一些资料，又在书店买了一本关于如何听课的书，看了后才恍然大悟——课堂很复杂，要注意的问题很多，比如新课的导入、内容的承转、提问的设计、板书的设计、活动的设计、媒体的使用、违纪学生的处理、难点的突破、重点的强调、双基的落实，等等。听课不能眉毛胡子一把抓，什么都听，什么都记，应该有选择、有目的。对于同学科的课，最好自己备了课后再去有针对性地听课。在工作的第一年，向老师坚持每周听三节课，其中两节是同学科的课，一节是其他学科的优秀教师的课。他每次听课一般选一到两个项目作为重点听，并深入思考。课后，他还要就自己的思考和上课老师交流。一学年结束，向老师的听课笔记用了四本，上面记录的，不是别人上课的"流水账"，而是别人课堂上的精彩之处和自己的思考。一年来，随着他对课堂问题的深入思考和研究，向老师甚至发表了两篇论文，更重要的是，他驾驭课堂越来越轻松了，学生也越来越喜欢他和他的课了。

这些，应该归功于向老师遇到困难后将困难看作机会，并积极应对困难的心态。

在工作中，每一位教师都会遇到这样或者那样的困难。但是不同的人从困难那里获得的东西各不相同。有悲观失望以至于一蹶不振的人，有牢骚满腹而被动应付一无所获的人，有乐观向上积极应对而收获颇丰的人。

把困难当作机会，需要一个积极的心态。这个积极的心态要求我们把努力工作当作提升自己的机会，当作给自己的人生积累宝贵的经验的机会。

有了这样积极的心态，我们自然会积极行动，想尽办法克服困难，也乐于克服困难。即使一些困难最终没有克服，我们也在积极行动的过程中体验了努力工作的快乐。

作为新教师，我们面对的困难比其他人更多。关键是，我们应该有积极的心态，敢于直面困难，把困难当作提升自我的机会。这样，我们就能克服困难、超越困难，最终成就自己，也成就别人。

最后，我想借用郑杰校长的话，结束我的建议：

一个真正优秀的教师，其之所以会成为名师，都是将困难视为机会的，他不仅从克服困难中获得了事业的成功感，更从中发现了那个'伟大'的自我，收获了作为一个人的尊严。

把职业当作事业

把教师作为职业的人很多，但是，把教师作为事业的人恐怕不多。作为新教师，带着教育梦想走向工作岗位的人恐怕更少。

但是，只要你决心当教师，你就得把它当作你终身追求的事业，这样，你所能感受到的就不只是累，而更多的是幸福。

文老师在大学学习的专业是教育学，虽然他并不想当教师，但是，因为种种原因，他还是成了一名初中教师。这事的确让他郁闷了一阵子。他心想，既然当上了教师，那就先把它当作一个维持生计的职业，等一两年，机会成熟后再跳槽也不迟。为了两年后能成功跳槽，他一下班就回到寝室，要么面对书本，要么面对电脑，努力地学习着，周末他甚至还要找兼职做。

可两年过去了，他还没有做好跳槽的准备。这维持他生计的工作，也让他感到难以继续了。虽然他把教师当作维持生计的职业，学校的要求他也基本都做到了——准时上下班，上班期间认真备课、上课、批改作业，参加教职工大会和学校组织的其他活动，完成各类计划、总结等。但是，学生的成绩总上不去，这直接影响到了他的收入——平时津贴本来就比较低，期末质量奖和年终奖又都上不去。同事关系虽然还过得去，但他感觉学校的领导并不重视他——没有批评过他，但也没有表扬过他，更没有找他谈过心，即便他连续旷课三天，领导也未必知道。这使得他对这个工作更加心灰意冷，决心快点离开这个行业。

第二年暑假一开始，他就找了一个做销售的工作。刚开始，他干得很卖力，一个月下来，挣的钱比平时多了一点。但是，他越来越感受到，这种生活不是他想要的生活。也许两年来他已经习惯了学校生活，习惯于上班备课、上课、批改作业，习惯于和那些孩子们在一起；也许，他不习惯于生意场上的尔虞我诈，不习惯于天天为钱拼命；也许，他自己根本就不适合做生意……总之，干了不到两个月销售工作的他不再想挣大钱了，他想回到学校继续教书。

回到学校后，他暗自下决心，一定把教师作为自己的终身事业去做，一定要做好教师。他态度的转变让他的行为也发生了很大的变化。他在备课、上课、批改作业方面做得更加认真了。他还自己研制教具，积极听本校优秀老师的课。除此之外，他还请别的老师来听自己的课，并坚持每天都写教学反思。周末，他不再像以前一样为跳槽做准备了，而是为了提高自己的教学能力而学习——阅读教育方面的书籍、写教育反思、备课……

　　功夫不负有心人，一学期很快就结束了，他的期末质量奖终于因为他的努力有所提高，尽管不多，但他还是很高兴——自己的努力终于有了回报。除了金钱方面的回报，更重要的是他和学生的关系更加融洽了，他的努力得到了同事们的肯定，一些班主任表示，希望有机会和他搭班合作。他的努力也得到了领导的表扬，他听一位同事讲，一位主管教学的副校长曾在私下说他是年轻老师中变化最大的一位老师。听到这些消息，他备感高兴，觉得自己的努力没有白费，而且他还想着如何更进一步做好工作，希望几年以后，能在基础教育领域小有成就。

　　文老师原先不愿当老师的想法在现在的年轻老师中很普遍。当老师就意味着清贫，意味着工作繁重。虽然不愿当老师的文老师当上老师后，对工作还算认真，这一点让人有些欣慰——他没有全身心地投入，但是至少做到了当一天和尚撞一天钟。可是，当他仅仅把教师当作一个维持生计的职业时，他寄托在这个职业上的东西是很少的，所以他的付出并不多——他消极的态度影响了他对工作的全身心投入。后来，当他把教师这个职业当作事业的时候，他寄托的东西就多了——除了生活保障外，他还希望被别人重视，希望获得成功，希望在教育中获得快乐……这积极的态度使他开始愿意为教学付出。当他的付出获得了相应的回报时，他更加坚信自己的想法没有错。

年轻的老师们，教师，不仅仅是一个能让你吃饱穿暖的职业，更是一项事业。只有把它当作你终身追求的事业，你才会收获更多，并在不远的将来过上幸福完整的教育生活。

处理好同事关系

当你进入一个新环境，便意味着你的人际关系要从零开始——重建人际关系网络。新教师也不例外。

我们先来看一则求助信息：

我是一名应届师范毕业生，马上就要去签约单位实习了。怎么处理好和同事的关系？到学校后需要特别注意什么？希望各位前辈不吝赐教！

作为新老师，都会面临这个问题——适应新的同事关系。

在建立新的人际关系时，新教师要尽快做好角色转换，扮演好自己的角色。

很多新教师在刚开始工作的时候，多半会怀念在大学时无忧无虑的日子。为什么呢？因为在工作中遇到了很多困难。在这些困难中，有两类困难难以在短期内克服，其一是正在适应的教学工作，其二是正在适应的新的人际关系。当然，教书育人是一个教师的本职工作，但是，如果人际关系处理不好，也会严重影响到本职工作。因为教师的工作虽然看起来有一定的独立性，但其本质是合作关系。

看一则案例：

一个新教师说："我是今年刚刚教书的新教师。我感觉新教师好受排挤啊！尽管我像林黛玉进贾府一样，不敢多说一句话，不敢多走一步路，可还是感觉这些老师对我态度很冷漠。我又不是个善于搞关系的人。我感觉自己好压抑，怎么办啊？"

请新老师们想想，初到工作单位，你有过类似的感受吗？

作为教师，起初我也有过类似的体验。但是，随着时间的推移，我发现我当初的感觉和事实并不一致。

下面我说说自己对这位老师的"遭遇"的看法。

首先，我认为这位新老师夸大了个人的感觉，实际的情况应该是你作为新老师，还没有接受你的新同事，你的新同事也还未接受你。初来乍到，互不了解，如何彼此接受呢？所以，任何人到一个新的环境都会有一段备感"孤独"的过渡时期，这很正常。其次，这位新老师过于谨慎了。学校是利益冲突最少的地方之一，所以教师之间的人际关系也相对比较单纯。新教师身处新环境，是需要谨慎一些，但也没有必要过于小心。过于小心会让别人觉得你胆小怕事，唯唯诺诺。最后，在建立人际关系方面，新教师一定要积极主动一些。这里毕竟是学校，你的同事都是教师，是为人师表者，只要你积极主动，大多数人都会热情响应的。也许别人很想和你打招呼，只是你没有主动，别人也就不好意思，只能矜持一下了。

如果你不擅长处理人际关系，那么你一定要学习一些基本常识，人毕竟是社会人，谁也无法孤立存在，所以要学习一些处理人际关系的基本规则和技巧。人际关系处理好了，你的工作才会如鱼得水，这不仅有利于个人的快速发展，而且还能消除孤独感，有利于心理健康。

新教师适应新环境的过程，也是一个进行角色转换的过程，是一个从学生转换为教师的过程，是一个从单纯的学习者转变为实践者的过程。这个转变，不是一蹴而就的，而应该是一个漫长的过程。

刚从大学毕业，新老师普遍都工作不久，很多方面还保持着学生时代的习惯。这个时候，也是角色容易混乱的时候。在学生时代，主要是处理好同学关系，同学关系既有竞争，也有合作；其次才是处理好师生关系，师生关系主要是合作。而为人师表以后，主要处理的就不仅是师生关系，还有同事关系。教师的工作看似独立性比较强，实际上处处有合作，时时有合作。所以，同事关系，主要是合作关系（当然，也有一些竞争关系）。把这些关系理顺，并扮演好自己的教师角色，才能处理好人际关系。

那么，新教师如何建立自己的新的人际关系呢？下面给出一些比较具体的建议。

首先，最基本的就是遵守校规校纪，做好自己的本职工作。教学教育工作才是教师的立足之本，本职工作做好了，其他问题基本都会迎刃而解。很难想象，大家会喜欢一个教学工作有问题、师德有问题的老师。作为教师，尤其是新教师，工作成绩不好，也许大家能原谅，但是如果工作不认真、敷衍了事，大家肯定不会原谅你。如果师德有问题，别人更不会原谅你！

其次，积极拓展新的人际网络。作为一个新人，你一定要积极主动。比如，见了同事先微笑并打招呼，如果同事有困难，你又能帮忙的话，主动提出帮忙（但是，不要让别人觉得你帮忙是理所当然的）。可以向同事请教教学中的问题，但请教问题的底线是不能打扰人家的工作。在帮助别人和寻求帮助的过程中，你的人际网络也就逐渐地拓展开来了。

再次，认真倾听，真诚赞美。当同事说话时，认真倾听，不要轻易打断，适当回应。如果你是在向别人请教问题，那就更加应该认真倾听了。如有不同见解，可以在同事讲完后再委婉提出，切忌固执争论而伤了和气。

任何人都有缺点和优点。对于同事，我们应该主要看他们的优点，这样相处才会更加愉快。对于同事在工作中表现出来的才华，一定要及时、恰当地赞美，这样，他（她）才会开启接纳你的心扉。所以，不要轻易地公开批评同事，更不要在背后说人家的坏话。

最后，心态一定要积极，不要轻易发牢骚。牢骚不能解决任何问题，但它可以破坏说话者和听话者的好心情。如果有委屈，作为新教师，请多多忍受，忍受委屈能让你变得更加成熟、稳重。如果难以忍受，千万别"大闹天宫"，务必低调处理。

停止抱怨，积极行动

人生不如意事常八九，遇到不愉快的事情，偶尔抱怨两句是人之常情。但是，当抱怨成了一种习惯，就不好了。这不仅会伤害自己，也会伤害到别人，王老师就有过这样深刻的体验。

王老师刚工作那年，结识了一位同事，对王老师这个新手而言，这位已经工作了三年的同事算得上是一位老教师了，他对人很客气，也很热心，经常帮王老师的忙。更巧的是，他们不仅在一个办公室，而且住的地方也比较近。没过多久，他们的关系就很好了，上下班一起走，无话不说。

过了一段时间，王老师发现，他的这个同事非常能抱怨，凡是工作上的事情，他总能抱怨一番。大到学校的管理制度，小到学生问题，他总能发一些牢骚。刚从大学毕业走向社会的王老师，对这些问题不是很清楚，在王老师看来，他是自己的同事和好朋友，他给自己讲这些问题是因为信任自己、是因为关系到位。所以，他说什么，王老师就听什么，他抱怨的时候王老师也就随声附和。

抱怨得最厉害的时候一般是在发放津贴的那一天。当他们领了自己的津贴后，回到办公室关起门就开始大肆抱怨：有些同事凭什么拿那么多钱？谁谁没干多少事情为什么拿那么多钱？这也不公平，那也不公平……抱怨得自己都感到无聊了才开始做事。

一年下来，没有想到王老师也养成了抱怨的习惯。在工作中遇到一些不愉快的事情，王老师不仅和他一起抱怨，还向其他同事抱怨。有时候，王老师甚至会把不良情绪带进教室。领导布置一些额外的工作时，如果他认为这些工作不该自己做，就会边做边抱怨。到后来，他不仅抱怨，而且敢理直气壮地拒绝领导布置的任务。记得某个周末，王老师和这位爱抱怨的同事玩得正高兴的时候，一位副校长给王老师连打了几次电话，在那位同事的示意下，王老师把电话都挂掉了。事后王老师才知道那位副校长是想派自己去参加一个培训。作为年轻老师，王老师的业务水平亟需提高，没有参加这次培训王老师还是有些后悔的，后悔不该听他那位同事的话挂掉电话。

后来，当他们继续一起抱怨的时候，王老师逐渐意识到他的习惯性抱怨带来的诸多问题。

他们抱怨待遇低，但待遇并不会因为抱怨而提高；他们抱怨领导做事不公，但抱怨并不会让领导按他们的意思做事；他们抱怨家长素质低，但他们的抱怨并不会让家长主动学习提高素质；他们抱怨学生难管难教，但学生并不会因为他们的抱怨好起来……他们所抱怨的，都没有顺应他们的意愿发生改变，那些发生改变的事情，却是他们不希望的——一旦抱怨，自己的情绪就会受到影响而低落，消极的情绪不仅会让身体感到不舒服，而且会影响到人们对工作的热情和责任心，甚至会让一个人对生活悲观失望。经常抱怨，让他们身边的同事无端接受了他们的垃圾情绪，有好心的同事批评过他们，领导也找王老师谈过两次话。那一段时间，王老师感觉到了什么是众叛亲离，什么是孤立无援……

如果你想抱怨，生活中一切都会成为你抱怨的对象；如果你乐观，世界比你想象的还要美好。我们不能改变世界，但是我们可以改变自己！

当王老师意识到这些的时候，他决心重新做人。王老师离开了那个学校，到了一个全新的环境——新的校舍、新的领导、新的同事、新的学生。面对这个全新的环境，王老师决定不再抱怨、不再消极，而是以积极、乐观的心态面对一切。

那一学年，他和一位同事合作得很愉快。在第一学期，他们彼此尊敬、彼此欣赏、彼此请教。虽然当时学校没有要求老师集体备课，但他们俩总是同时备课，然后交流教案、修改教案。如果准备上多媒体课，他们就共享素材，但独立写脚本、做课件，做完课件后再交流、修改。在交流的过程中，他们相信自己，保留自己的特色，也尊重对方，采纳对方的建议。他们经常互相听完课后，再认真评课，评完课后，还要再次修改教案。在辅导优生、转化"后进生"方面，他们也是彼此学习。

除了常规工作，他们还组织了一些学生活动，开展第二课堂。就连平时读书，也是相互推荐。

他们俩的愉快合作，得到了办公室其他老师的肯定和认同，有些教研组还提倡学习他们俩的这种合作方式。因为他们俩的信息技术都很不错，所以经常有老师向他们请教这方面的问题，他们也经常帮助一些老师做课件。虽然累了一点，但他们很高兴——不仅帮助了他人，也展示了他们的才能；做不同学科的课件，也让他们提高了技术、开阔了思路。

一学年的愉快工作让王老师深深地体会到，是良好的心态、积极的行动和友好的合作，让他获得了很多。

现在，虽然王老师的生活和工作不全是一帆风顺，偶尔也会抱怨几句，但大多数情况下他都是乐观的、积极的。

如果你把抱怨变成善意的沟通和积极的建议，你将变得通情达理；如果你把抱怨变成正面的积极的行动，成功将离你不远。

年轻的朋友，停止抱怨、积极行动吧！

要有一颗和学生一起成长的心

现在的社会高速发展，知识增长迅速，人们获得知识的途径越来越多，除了传统的书籍、报纸、杂志外，更多是通过电视和互联网获取知识。所以对学生而言，教师不再是居高临下的知识传授者，而是学习的组织者、引导者。

学无止境，作为教师，应该有一颗和学生一起成长的心。新教师更应该有这种意识。

在知识方面，既然现在教师不再是权威，那么，教师就应该转化角色，积极接受和应对来自学生的质疑和挑战，并培养学生这种难能可贵的质疑和挑战精神。

下面看一个案例：

"老师，我觉得第三个案例有问题。这个事件的描述好像违反了《中华人民共和国未成年人保护法》中的司法保护。"她很小心地说。

"是吗？"我一惊。

"对，根据《中华人民共和国未成年人保护法》中司法保护的规定，违法犯罪的未成年人的姓名、住所、照片等是不能透露的，而这个材料却披露了该未成年人的姓名。"她说得振振有词。

"嗯，真的。"讲台下面开始有学生附和她的观点。

我为之一惊，我为自己备课的粗心而自责，事实上我的备课已不止一次出现类似的疏漏了。作为老师，一个学生学习征途中的引路人，我居然没有发现。但我没有惊慌，我随即追问：

"那你们认为怎么修改这则材料才比较合理呢？"

"我觉得可以把这个名字改为刘某。"她说。

"还有一个办法，可以在这个名字后面加一个括号，写上'化名'。"另一个学生说。

"对的，对的。"学生们表示赞同。

从这个案例可以看出，这位女同学只是实事求是地、很有礼貌地质疑，并没有挑战的意思。她的质疑有理有据，无可挑剔。而这位教师更是处理得巧妙，他不仅不动声色地化解了尴尬的局面，而且很恰当地利用学生的质疑，把问题引向更深的层次。他看似不经意的一句追问，"那你们认为怎么修改这则材料才比较合理呢？"把事件的重心从发现错误引向更正错误。这一举动，不仅"轻描淡写"地承认了自己的失误，而且间接地肯定了学生的质疑。对学生没有形式上的认错，却有诚恳的歉意；没有形式上的表扬，却有实质上的肯定。这瞬间的举动，行云流水，充满了教育智慧。

我相信，在这位老师的课堂上，将会继续有同学提出质疑，即使有挑战，也是很有礼貌的。因为在这一堂课上，他鼓励了质疑，鼓励了挑战。

韩愈说得好，"弟子不必不如师，师不必贤于弟子，闻道有先后，术业有专攻"。如果我们有这样的气度，有这样的认识，作为老师，我们还会害怕学生的质疑和挑战吗？

当然，作为老师，我们在专业上一定要"术业有专攻"，一定要尽力超过所有的学生。这样才能登高望远，在学生学科知识的学习和能力的培养方面起到引领的作用。只有这样，当我们因出现失误而遭学生质疑或者挑战时，我们才能"绝处逢生"，因势利导，把教师的失误转化为有价值的教育材料。

学生的个性千差万别，有唯命是从的学生，有礼貌待人的学生，有实事求是的学生，也有哗众取宠的学生……不管是哪一类学生，我们教师都应该听得进去"另类"的声音，聆听质疑，接受挑战。如果我们错了而学生是对的，我们应该诚恳面对，同时积极评价学生的质疑和挑战；如果学生是恶作剧，我们也不应该打击报复，而是要严肃对待学生质疑的问题，宽容对待挑战我们的学生。

我们的新教师，面对学生的质疑或者挑战时，可能会有与下面这个案例类似的情况：

"老师，你这道题做错了！"刚下课，班上的××同学走上讲台，指着黑板上我板书的一道题，一脸严肃地对我说。我当时心里就不耐烦了，第一次有学生敢挑战我的权威。但我还是耐着性子听他说完，然后细致地把这道题又讲了一遍，并指出他思路中的错误。讲完之后，看着他走下讲台，我忽然有一种"扬扬得意"的感觉。

这位年轻老师对这件事的处理还是比较得当的，最起码，他表面上还是尊重学生，接受了学生的挑战，虽然他"维权"成功后有些"扬扬得意"。但是，如果能够具体指出这位学生解题思路中的合理之处加以肯定，我想，这位学生下次还会更加认真地质疑。

当我们能够真诚面对学生的质疑和挑战时，我们向学生学习就不成问题了。

陶行知先生说过，我们要向小孩学习，不愿意向小孩学习的人，不配做小孩的先生，一个人不懂小孩的心理、小孩的问题、小孩的困难、小孩的愿望、小孩的脾气，如何能教小孩？如何能知道小孩的力量并让他们发挥出小小的创造力？

学生的个体差异比较大，所以在不同的方面，各有特长。教学相长，我们教师向学生学习的过程也是一个研究学生的过程。

向学生学习，不仅要学习学生在知识方面的"特长"，更应该学习学生在非智力因素方面的"特长"。下面这个案例中，老师为什么感动呢？

早晨，每每走进校门，首先映入眼帘的是无怨无悔的校园"清洁工"在仔细地清扫公共场所的情景。这些从小学一年级到六年级的学生,他们竟有着为班集体争光的思想观念,几学期如一日,天天如此。有的用扫把扫得满头大汗;有的不怕脏,甚至用手抓缝隙和水池里的垃圾。上课铃响了,他们才提着畚斗飞快地奔向垃圾箱……这般情景实在是让我们做老师的感动不已。

为什么感动?如果把这些"清洁工"换成老师,会出现什么景象?在这感人的做清洁的场景中,小学生们有分工、有合作,他们不怕脏、不怕累,只是为了集体荣誉而劳动,只是为了保持一个美好的学习环境而劳动。

我们老师呢?暂且不说校园环境了,我们每天置身其中的办公室,是清洁的吗?是整齐的吗?这清洁、整齐是不是我们教师有分工有合作而共同完成的?我们在完成的时候有没有不怕脏不怕累?如果没有做到,我们还有什么理由拒绝向我们的学生学习呢?

当然,我们老师向学生学习的是他们的优点,对于缺点,我们虽然不能学习,但应"有则改之,无则加勉"。看下面这个案例,反思自己,我们有类似的陋习吗?

轮到我值周的一天中午,我在男厕所抓住了一位正在抽烟的初三男生。我告诉他,如果他能讲出十条抽烟的好处,我就放了他。他苦思冥想了半天后才说了两条,其中一条是抽烟很酷。他为了证明自己的观点,给我讲的例子让我哭笑不得——某某老师抽烟的样子简直是帅呆了!还好,幸亏我不抽烟,否则他以我为例的话,我将会更无言以对。

这个案例告诉我们，学生的缺点，我们教师要反思自己有没有，如果有，应该改正，否则我们针对他的教育不仅没有说服力，反而还是对自己的讽刺。

学无止境，教学相长。年轻教师应该有一颗和学生一起成长的心，应该和学生一起进步。

第二章

关于
"师生关系"
的建议

導　言

爱、理解和共同成长

　　教育问题千头万绪，但其中最核心的问题是处理好师生关系。处理好师生关系的关键，是爱、理解和共同成长。

　　爱学生，就必须善于走进学生的情感世界。而要走进学生的情感世界，首先就必须把自己当作学生的朋友，去感受他们的喜怒哀乐。我曾读到过苏霍姆林斯基在这一点上的类似感悟，大致内容如下：每个孩子都能引起我的兴趣，我总想知道，他的主要精力倾注在什么上面，他最关心和最感兴趣的是什么，他有哪些快乐和痛苦等。正是因为这样我的小朋友圈子才得以一天天扩大，并且连我不曾教过课的那些孩子也成了我的朋友甚至受过我的教育。当我第一次读到苏霍姆林斯基这段真诚的话时，我竟感动得眼睛都湿润了。一个享誉全球的大教育家竟然有这样一颗爱孩子的童心，还是一位我敬重的教育家！他曾在一个春天，和他的学生们共同买了一条小木船，然后划到一个荒无人烟的小岛上去探险。苏霍姆林斯基对此这样写道："可能有人会想，作者想借这些事例来炫耀自己特别关心孩子。不对，买船是出于我想给孩子们带来快乐，而孩子们的快乐，对于我就是最大的幸福。"（苏霍姆林斯基：《帕夫雷什中学》）

教师对学生真挚的爱，是我们感染学生的情感魅力。有些教师总喜欢在学生面前表现出"高深莫测""凛然不可犯"的"派头"，从中体验着自己的"尊严"。其实，这不是尊严，只是威严。真正的尊严是敬重而非敬畏。师生在人格上应是绝对平等的，教师不应自视比学生"高一等"。因此，我们对学生的爱，不应是居高临下的"平易近人"，而应是发自肺腑的对朋友的爱。这种爱的表达既是无微不至的，又是不由自主的：上课时，面对学生的问候，我们不是礼节性地点点头而是充满真诚感激之情地深深鞠躬；气温骤降，我们感到寒冷时，也自然急切地提醒学生"多穿一件衣服"；学生生日到了，班主任笑眯眯地送上一张贺卡；节假日，我们邀约学生（或被学生邀约）去远足郊游、去登山探险……当我们把爱心自然而然地献给学生时，学生就不会只把我们当作老师。这时我们获得的尊严，就不仅仅是教师的尊严，更有朋友的尊严、同志的尊严、兄长的尊严、父亲的尊严。

教师真正的尊严，从某种意义上讲，并不是我们个人的主观感受，而是学生对我们的道德肯定和感情依恋。当我们故作姿态，甚至以牺牲学生的尊严来换取自己的尊严时，学生根本不会买我们的账，只会向我们投来冷漠的眼光；当我们"无视"自己的尊严，而努力追求高尚的品德、出色的教育、真诚的感情，并随时注意维护、尊重学生的尊严时，学生也会把他们全部的爱心和敬意奉献给我们。这样，我们便把自己尊严的丰碑建在了学生的心中！由此，我们可以得到一个朴素的真理：教育者的尊严是学生给的！

作为教师，我们在引领学生成长的同时，我们自己也在成长。而成长的过程也离不开学生的影响，或者说，我们也应该向学生学习。因为我们也不是完人，我们在很多方面还不如学生。教育者以崇高的思想境界和高尚的道德标准要求自己，本身是没有错的。但这应该是一个贯穿终生的动态的追求过程，而不是意味着教育者已经达到了很高的人格境界。我们承认教师不是完人，承认教师在许多方面不如我们的学生，这并不是降低了教育者对自己的人格要求，恰恰相反，只有教育者随时随地意识到自己的不足，才真正有利于教师的不断完善。学生童心的保持，个性的发展，思想的成熟，能力的培养等都离不开教育。但这种教育，不应该是教师的居高临下与学生的俯首帖耳，而应该是教师与学生的共同成长。再明确一点说，就是民主的教育，就是教师在向学生学习的过程中教育学生。

向学生学习，毫不夸张地说，是教育走向民主不可缺少的思想革命。这场革命早在半个多世纪以前，就被陶行知先生呼唤过："人只晓得先生感化学生，锻炼学生，而不知学生彼此感化锻炼和感化锻炼先生力量之大。"这也正是他一直强调的：谁也不觉得您是先生，您便成了真正的先生。陶行知在谈到"民主的教师"时，把"跟小孩学习"作为民主的教师的必备条件之一。苏霍姆林斯基也曾对青年教师有过类似的告诫：只有当教师在共同活动中做孩子们的朋友、志同道合者和同志时，教师和孩子才会有真正的精神上的一致性……不要去强制人的灵魂，要去细心关注每个孩子的自然发展规律，关注他们的特性、意向和需求。

向学生学习，就是还教师以真实，给教育以诚实。当我们在学生面前不再是神而还原为质朴、真诚但不乏缺点的人时，学生更会把我们当作可以信任、可以亲近的朋友，而朋友般平等的感情，无疑是教育成功的前提。所谓"给教育以诚实"，就是面对现实中弥漫的教育虚假，教育者一方面以自身的诚实消解着虚假教育的负面影响，另一方面又以诚实培养着诚实。言行一致，表里如一，自己不相信的绝不教给学生，勇于向学生承认自己的过失，这应当成为教育工作者起码的职业道德。向学生学习，即使从教育的角度看也是对学生最有效的教育。学生从教师身上，看到了什么叫"人无完人"，什么叫"知错就改"，什么叫"见贤思齐"……教育者对自己错误的真诚追悔和对高尚人格的不懈追求，将感染、激励着学生在人生的路上不断战胜自我，一步步走向卓越。

我并非反对教育者应有崇高的使命感，但我更主张将我们的心灵融进学生的心灵。

尽快记住孩子的姓名

知道新入学的孩子是在什么时候感到老师在关注他的吗？是在第一次听到老师叫出他的名字的时候。

我曾收到过一封毕业多年的学生寄来的信："李老师，在您班上的三年，我充分体会到了您对我和对其他同学的爱心。我清楚地记得我第一次被您感动，是在报名那天下午，您准确地叫出了我的名字。当时，我的第一反应是，上午才和李老师见第一面，他这么快就记住了我的名字。可见我在李老师心目中是多么重要啊！"

实话实说，这位学生信中提起的这件事，我其实早已忘记了。不过，当我读到这封信时，对师生关系甚至对整个教育都有了更深刻的认识：教育的爱，有时往往体现在我们教育者本人都不一定能够意识到的一些小事和细节上——比如，尽快记住学生的姓名。

在刚开学的几天，如果要叫某个或某几个学生做什么事，我们往往是这样叫学生的："这位同学……""那位同学……"或用手指点着几个要叫的学生："你，你，还有你，对，就是你！你们一起到办公室来一下。"

一般来说，学生是不会介意的，毕竟他们能够理解老师不可能一下子就记住他们的名字。但是，如果开学好几天了，老师依然这样用手指着学生"你你"地叫着，学生肯定会感到不舒服。换个角度想想，如果校长也老这样叫你，你会有何感想？

写到这里，我想到了苏联著名教育家阿莫纳什维利说过的话：如果我力图显示出自己对儿童真正的爱，我就必须以最完美的形式去显示它。我理解，这"最完美的形式"不一定是指多么激动人心的方式，更多地恰恰体现于一些似乎不经意的细节中，其中就包括新学年第一天，就能够叫出学生的名字。

这位杰出的教育家也正是这样做的。在其《孩子们，你们好！》一书中，教育家充满深情地记录了他在孩子们进校前努力记住孩子们名字的情形——

新学年快开学了，阿莫纳什维利把他即将教的全部学生的人事案卷拿回家，他想在见到孩子们之前，就尽可能了解他们的有关情况。晚上，阿莫纳什维利把孩子们的相片从案卷中取了出来，一张张地排列在桌上，宛如孩子们就站在他的面前一样。每一张相片上都是纯真的笑容，孩子们的笑脸注视着阿莫纳什维利，阿莫纳什维利也注视着孩子们的笑脸，并在心里赞叹道："多么漂亮的孩子！多么快乐的笑容！"

对着相片，阿莫纳什维利开始思考：孩子们，你们期望着从我这儿得到什么呢？你们对自己的老师是这样的慷慨和信任，你们还没有见到过我，就已经给我送来了如此迷人的笑容，并以如此信任的眼光注视着我。你们想要我做些什么呢？

"我们生来都是善良的孩子，请不要把我们当作凶恶的孩子！"阿莫纳什维利从相片中的笑容里，仿佛听到了孩子们的声音。于是，他的心里便开始产生了一种神圣的责任感。

阿莫纳什维利拿起一张张相片，看背面写着的孩子的名字，同时对着相片的正面开始记每一个孩子的名字。

阿莫纳什维利这样写道——

我拿起第一张相片。"捷阿"——在相片背面写着这个向我微笑的女孩的名字。我想我应该记住她的脸，以便明天见到她时能够认出她，叫出她的名字。

在另一张相片的背面写着——"戈恰"。他留着这样子的一头卷发！我不会要求家长给他剪发。就让他这个样子吧！戈恰在笑，我好像已经听到了他清脆的笑声。"你等着吧，孩子，明天我就要在36个孩子中认出你！你不是一个爱跟人打架的孩子吧？你不调皮捣蛋吧？"

"尼娅"——我念着下一张相片上的名字。她微笑着，不——

她咧着嘴在笑，因此，我一眼就看出，她的门牙全掉了。也许，有很多发音她将很难正确地念出来。不过，这也没有关系，我一定不允许任何一个孩子讥笑她。"尼娅，请告诉我，你不会毁谤他人吧？请记住，孩子们，在我们的班上，严禁互相毁谤！"

……

我把他们的相片像在教室里给孩子排座位一样地排列起来。也许，吉哈个子较高，列拉个子也较高，他们可以坐在最后一排。玛里卡坐在左边第一排座位上。让维克多靠窗坐……就这样，在我的面前呈现出了一幅孩子们坐满教室的图景。我站在黑板前。

……

"孩子们，你们的笑容是多么可爱！请你们明天不要迟到。我对你们每一个人都很喜欢，我急切地期待着你们的到来！"我在想象中同我的学生进行的会面结束了。我把他们的相片放回到了人事案卷里。

就这样，在开学的前夜，阿莫纳什维利把所有孩子的名字都记住了！

第二天，阿莫纳什维利来到教室，那里已经站了几个早到的孩子。

"你们好！"阿莫纳什维利向他们说，"你们为什么来得这么早呢？"

孩子们面对陌生人还有些拘束，默不作声。他们还不知道，眼前这位便是他们的第一位老师。

阿莫纳什维利笑眯眯地问其中一个男孩子："你叫吉哈,是吗?"

那个男孩子露出十分惊异的神色,说:"是的,我叫吉哈……您怎么会知道的?"

"你好,吉哈!"阿莫纳什维利伸出手把男孩子的小手紧紧地握住。

然后,他对一个女孩子说:"你叫玛里卡!"他一边说着一边握住了小女孩柔软娇嫩的小手。

……

准确地叫出孩子的名字,而且就像叫自己的老朋友那样亲切自然,让孩子们惊讶又温馨,这是阿莫纳什维利先生给他的孩子们的第一份见面礼!

每次读到阿莫纳什维利的这个故事,我都非常感动,并想到自己和孩子们见面的第一天:我是否也能给孩子这样的惊讶和温馨呢?

当然,要求老师在第一天上课就能够叫出每个学生的姓名,是不太容易的。因为我们现在的招生情况比较复杂,我们几乎不可能提前拿到新生的名册和他们的相片。但是,我们能不能在第一周之内,就把每个学生的姓名都记住呢?这完全是可以的。

根据我的经验,迅速记住学生姓名,主要有以下几个方法:

第一,报名的时候,尽可能和每一个学生多聊几句。每次报名不要仅仅是登记姓名、注册和缴费，而应该多和孩子们说几句话，聊聊天。记得二十年前的一个报名日，第一个来报名的是一个小男孩，我和他问好之后，并没有急于给他办有关手续，而是让他坐在我身边并和他聊了起来。我问他怎么一个人来报名，他说他的爸爸去世了，母亲是个盲人，家里还有一个姐姐。没人陪他来报名，所以他便自己来了。我听了他的话，很感动，然后我鼓励他勤奋学习，我说你一定会有出息的。我自然牢牢地记住了这个同学的名字。二十年过去了，这个学生现在已经是北京某高校的教授了。不是因为这个孩子情况特殊，我才和他聊天，其他同学来报名，我也尽量和他们聊几句：家住哪里呀？爸爸妈妈在哪里上班呀？家里爷爷奶奶怎么样呀？小学的生活怎么样呀？有什么爱好呀？等等。在和孩子聊这些的时候，尽量记住这孩子的模样特征。这样，报名结束之后，我总能多记住几个孩子的名字。

第二，开学第一天，尽可能多点几次名。点名是认识孩子的最直接的办法。孩子们第一次聚集在教室里，要点一次名；孩子们离开教室时，要再点一次名；下午放学的时候，还可以点一次名。每个孩子回答"到"的时候，老师都抬头认真看一看相应的孩子，最好能够面带笑容注视他几秒钟，如此几次，又可以多记些孩子的名字。另外，凡是迟到的孩子，也问问其姓名。总之，不放过任何一个可以叫孩子名字的机会。

第三，亲自发作业本和教科书。开学第一天都要领作业本和教科书，我们一般都是叫学生自己发。其实，这也是一个能够尽快认识学生的机会。我的做法是，每次发作业本和教科书都由我亲自发。我先点一个孩子的名字，然后请他到我面前来领作业本或教科书。刚开学，作业本和教科书都很多，我每发一次，都要点一次名，这样虽然很费时，但发完作业本和教科书之后，我就能记住大多数学生的名字了。

第四，不断找学生谈心。开学一周内，可以以各种理由或"借口"找学生谈心：适应不适应新的学习生活呀？对新的班集体有什么感受呀？同学怎么样呀？老师怎么样呀？对班主任还有什么意见或建议呀？有什么需要老师帮忙的呀？等等。这种谈心，可以和单个学生谈，也可以和几个学生同时谈。有了这样的谈心，老师也能很快记住一些孩子的名字。

第五，尽快组织或参加学生的集体活动，让师生在活动中尽快互相认识。这里说的"组织"是对班主任而言的（组织者自然也是参加者），所谓"参加"就是对科任老师而言的。这种活动，可以是室内的主题班会，比如"让我们互相认识"，同学之间互相做自我介绍，新的班集体宛如一个大家庭，在欢快热烈的气氛中，陌生的孩子之间能渐渐成为好朋友，老师在这家庭一般的氛围中，也能够记住更多孩子的名字。还可以搞"露一手"联欢会，让孩子们上台展示自己的才艺，在这种活动中，孩子的特点连同他们的名字会深深地印入老师的脑海中。也可以是户外活动，比如篮球赛、乒乓球赛，甚至周末郊外徒步旅游（当然不宜走得太远），在运动场上，在田野间，学生之间、师生之间会自然而然地熟悉起来。

记住孩子名字的方法当然不只上面所说的这些，还有其他方法，比如在开学之前就提前家访，或者像阿莫纳什维利一样，开学前在家里对着孩子的照片记孩子的名字（如果能够提前得到孩子的相片和花名册的话），等等。

是的，年轻的老师们，请像阿莫纳什维利那样，尽快记住孩子的名字吧！这是我们走进学生心灵的第一步。其实，记住孩子的名字不仅仅需要老师的记性，更需要老师的爱心。只要我们真正从心里爱孩子，就一定能很快叫出每一个孩子的名字。

善待孩子的第一次求助

二十多年前，我第一次乘火车去北京。邻座是一位刚刚中师毕业的女孩子。她听说我是教师后，便和我聊起了教育。谈话中她说得最多的是她的班主任。记得当时她对我说了这样一件事——

我刚进学校时，因为是第一次远离父母住校，很不适应。再加上进入青春期，我感觉自己心中有许多苦闷得不到排遣，我实在憋不住了，便找到班主任老师，这是我第一次找她谈心，我想向她倾诉我的种种困惑，并期待老师给我帮助。

但是，我的话刚刚开了个头，老师便打断了我："你是不是太娇气了点儿？人生的意义在于不断地战胜各种困难。何况你说的这些还谈不上什么困难。当然，对你来说，第一次住校也许是一个很大的困难，但是你应该想想，你的这点儿困难难道比张海迪姐姐还要大吗？"

我至今还记得这个女孩子对我说了这件事之后激烈地评论道：

"老师说得对，我的困难的确不如张海迪大，但我并不是张海迪呀！而且老师的话根本不能帮助我解决问题！从那以后，我再也不找班主任谈心了！"

很难说这位老师不负责任，相反说不定她是一个很有责任心的老师呢！但这样和学生谈心显然是失败的。她的失败之处在于：第一，她没有珍惜学生对她的信任。学生找老师谈心，不管老师是否能够圆满解决学生的困难，老师都应该珍惜这份信任，这是日后和学生保持心灵交流的基础。第二，她对信任她的学生缺乏尊重，学生话都还没说完她便自以为是地打断了学生的话，这样的谈心很难说是真正平等的心灵交流。第三，她缺乏对学生的理解。有些在成人看来算不了什么的事，在学生看来却是天大的困难，如果不从学生的角度思考问题，很难真正走进学生的心里。第四，她用"原则"取代了对具体问题的分析，用抽象的"人生的意义"取代了学生具体的困难，用远在天边的"榜样"取代了近在眼前的学生，用看似毋庸置疑的说教取代了富有针对性的开导，于是，学生永远地向她关上了心灵的大门。

应该说，这位班主任还是很想帮助学生的，但因为语言的隔膜造成了心灵的隔膜。不，准确地说，首先是因为心灵的隔膜才造成了语言的隔膜。

班主任工作中的许多"怎么办"，其实都是通过语言来解决的。正是在和孩子的一次次谈心中，我们的心和孩子的心才贴在了一起。

当然，也有相反的情况，也许正是因为语言不当，班主任不但没有走进孩子的心灵，反而离孩子的心灵更远了。

走进孩子的心灵，仅仅靠"真诚"是远远不够的，还得讲究语言技巧。尤其是第一次和孩子谈心，更是要特别讲究。因为从某种意义上说，这第一次谈心将决定孩子心灵的大门是否愿意随时为你打开。

高一新生进校一周后，我查看孩子们交来的随笔本。黄微微同学在她随笔的后面加了一句话："李老师，我想和你聊聊。"

这是我最喜欢听学生对我说的一句话。还有什么能比得到孩子的信任更幸福呢？

我在批语中写道："吃了晚饭到我办公室来吧！"

晚饭后，她来到了我的办公室。

本来是她主动提出要找我聊一聊，但进了办公室，她却没有说话。毕竟是第一次和我谈心，也许她有点紧张。

我知道她找我绝不会只是随便"聊聊"，肯定有什么在她看来是要紧的事需要对我说。但是，第一次和她谈心，我不能够单刀直入，只能慢慢引导她说出心里话。

我先问她新学期感觉怎样，她说还好。我又问班上的情况，她也说挺好，她挺满意的。我问开学几天来有没有不满意的，她说住宿条件还不太满意，主要是新床还有点味儿，另外感到睡眠时间不够。

我很心疼我的学生，看到他们就像看到我的女儿。我对我女儿的睡眠要求很严，必须保证睡眠时间充足。因此，我便对她说，我争取跟学校领导反映一下，调整作息时间。

也许是我的关切让她觉得我值得信任，她终于开始对我诉说心中的苦闷。她对我说她特别恋家，希望我同意她每周星期三回家一次。她说了很多很多，向我说了她的家庭，她的性格，她的生活习惯等，特别跟我强调她非常想家。

在她倾诉的过程中，我一直静静地倾听，没有打断她的话，直到她说着说着眼泪流下来了，我才赶紧给她找了纸，叫她把眼泪擦一擦。

看着她流泪，我想，她这么想家，连一个星期都不能坚持，那以后读大学该怎么办？

看来这是一个比较娇气的女孩子。但我显然不能直接批评她娇气，那样她可能就不会和我继续聊下去了。于是我跟她开玩笑："那以后你考大学最好考西南交大，西南交大离你家最近（她家住在成都万福桥），这样你回家就最方便，呵呵！"听完这话她也破涕为笑了。

一个玩笑，不但委婉地表达了我的批评，同时也缓和了气氛，缓解了她悲戚的情绪。

我看她笑了，感觉可以把话说得直一些了，便说："你希望每周三能够回家一次，我完全可以同意你的这个要求。但是，这对你的成长不利呀！你早晚得离开爸爸妈妈呀！所以我认为你还是不要周三回去，而是和大家一样周末回家，好吗？战胜自己！"

她点点头："好吧！"但眼泪又流了下来。

嘴上同意我的话，但依然流泪，说明她并没有完全想通。这时，我完全可以搬出"学校纪律"来要求她。但是，如果那样做，我很可能又堵死了和她交流的心灵通道。既要坚持必要的原则，又不能过于死板。比起坚持学校的纪律，我感到保持和孩子的沟通更为重要。再说，同样是平时不回家，她是迫于外在的纪律呢，还是出自内心的自律呢？表面结果相同，但背后却是完全不同的教育境界。

于是我说："这样吧，我同意你每周三可以回去一次，但你自己控制好自己，如果能够不回去最好。如果到了星期三你坚持不回家，第二天早晨起来你一定会感到非常自豪，因为你战胜了自己。当然，如果你忍不住想周三回去，也没有什么，你就回去吧！然后第二个星期再开始考验自己。我觉得，如果是因为我不批准而使你没有回去，这并不能算你自己战胜了自己；只有当你想回去却没有回去，这才是了不起的。你尽量试试看能否战胜自己，好吗？"

她又点了点头，说："其实，这个星期我就没有回去，已经六天了，我从来没有这么久不回家。"说着她有些自豪地笑了。

"就是嘛！"我鼓励道，"你完全可以战胜自己的！祝你成功！"

三周后，黄微微对我说："李老师，我已经连续两周只在周末回家了。我现在终于可以坚持一周只回家一次了！"

对她来说，通过这次谈心，收获的是"战胜自己"的忠告；对我来说，和她谈心，收获的是她对我的信任。在以后的日子里，黄微微一直对我很信任，愿意在随笔中跟我谈心，每次看她的随笔，我都能得到一种源于信任的幸福。

假设一下，如果她来找我的时候，我不是先跟她聊其他的而是急躁地追问："有什么要对我说的？怎么不说话呢？快说呀！"在我的追问下，她吞吞吐吐地说出了自己的困难和要求，然后我语重心长且严肃地和她谈"学校的规定"，谈"坚强"谈"毅力"，那么，我不但不能解决她的困惑，反而会让她从此不再主动向我谈心倾诉。

孩子不愿意找老师谈心，这是我在教育中一直努力避免的结果。

还是继续分析和黄微微的那次谈心。那是一次非常普通的谈心，但正因普通所以蕴含着一些走进孩子心灵的普遍原则——

发自内心地尊重孩子。这是成功谈心的前提。可以想象，孩子第一次主动找老师谈心，一定有过犹豫甚至有过思想斗争，如果不是遇到了困难，孩子一般是不会主动找老师的。因此，在这里，"尊重"首先应该体现于对孩子善解人意的体贴与关切。当孩子叩开老师办公室门的时候，作为班主任我们应该意识到，这是一颗心对另一颗心的求助，我们应该以真诚的眼光给孩子心灵上的安全感，让他们能自然而然地向我们敞开心扉。

要善于倾听孩子的诉说。在一些班主任的眼里，所谓"谈心"就是"老师谈，孩子听"。其实，优秀的班主任首先应该善于倾听。

我们必须摆正师生关系，不能仅仅把师生关系看成教育与被教育的关系；同时我们还应该认识到，师生同时也是平等的朋友。虽然就学科知识、专业能力、认识水平而言，教师一般来说远在孩子之上；但就人格而言，师生之间是天然平等的；教师和孩子不仅在人格上、感情上是平等的朋友，而且在求知道路上也是共同探索前进的平等的志同道合者。既然是平等的朋友，那么当朋友向我们诉说的时候，我们当然应该耐心地倾听，并用温和的眼神鼓励孩子畅所欲言，一吐为快，通过"倾听"走进孩子的心灵。没等孩子说完便自以为是地打断孩子的诉说，这样的老师是不可能赢得孩子的信任的。

要站在孩子的角度理解孩子。成长中的烦恼，也许在成年人看来微不足道，但在孩子看来，却是天大的事。面对孩子的倾吐，班主任任何的不屑或不以为意都是对童心的亵渎。对孩子的理解，不是从成人的角度去理解，而是以一颗孩子的心去理解。陶行知多次说过，我们必须会变小孩子，才配做小孩子的先生。所谓"会变小孩子"，我的理解就是教师要尽量使自己具备"孩子的心灵"——用"孩子的大脑"去思考，用"孩子的眼光"去看待，用"孩子的情感"去体验，用"孩子的兴趣"去爱好！

多提建议，避免训斥。既然是孩子，他们的观点就不可能都是正确的，他们的想法也不可能都是成熟的，老师需要对他们进行引导，否则便是老师的失职。但是这里的"引导"，不应该是不着边际的空洞说教，更不应该是居高临下的训斥，而应该是切实可行的建议。如果我们承认教育的对象是活生生的人，那么教育过程便绝不仅仅是一种技巧的施展，而应该充满人情味；教育的每一个环节都应该充满对人的关切，应该体现出民主与平等的现代意识。在谈心的过程中，如果我们能够和孩子一起分析并商量解决问题的办法，孩子便会在不知不觉中把我们当作朋友进而更加信任我们。

教育是心灵的艺术。苏霍姆林斯基曾在告诫教育者时说过，请记住，教育——首先是关怀备至地，深思熟虑地，小心翼翼地去触及年轻的心灵。按我的理解，这里所说的"触及年轻的心灵"自然包括教师和孩子的谈心——"关怀备至"说的是"细心"，"深思熟虑"说的是"慧心"，"小心翼翼"说的是"耐心"。如果面对孩子的第一次求助，我们能够表现出"关怀备至""深思熟虑"和"小心翼翼"，我们就能真正成为孩子精神成长的帮助者和引领者，并继续赢得孩子第二次、第三次以至永远的信任！

学会倾听孩子的倾诉

前面我谈到要善于倾听孩子的诉说，提出要通过倾听走进孩子的心灵。所谓"通过倾听走进孩子的心灵"，意思是说，只有耐心地倾听才能赢得孩子的信任，并通过倾听了解孩子的想法，进而给他提供有效的帮助。在这里，倾听是一种手段，目的是赢得信任，了解情况，提供帮助。

但是，倾听并不仅仅是手段，有时候也是目的。往往有这种情况，孩子来找老师，并不一定非要老师给他具体的帮助，他只是想把老师当作一个倾听对象，排遣一下心中的苦闷而已。

这种谈话绝不能只是教师一人的"苦口婆心"或"语重心长"，而应该是尽量让学生诉说、发泄，教师则当听众。心理学认为，一个人将悲伤、委屈、苦闷等抑郁之情通过向自己信任的人诉说而合理地发泄出来，可求得心理平衡，保持心理健康。因此，以倾听为主要目的的个别谈话应诱导、鼓励学生滔滔不绝、一吐为快。学生通过倾诉，把内心深处的困惑、焦虑、积郁、愤懑、悲伤等表达出来，老师可以以诚恳的态度仔细聆听，并通过眼神和点头、蹙眉等肢体语言告诉学生："我是理解你的，你也完全可以信任我，我愿意分担你的一切苦闷！"从而使学生无所顾忌地继续讲下去。

"倾听"往往被当作"听见"，这是一种误解。"倾听"的"倾"不仅仅包含"真诚"的意思，还有"细心""专注"之意，这就说明"倾听"绝不仅仅是用耳朵听其音，还包括用脑子辨其义。我们常常说班主任要"学会倾听"，那么怎样才算"学会倾听"呢？一般来说，"学会倾听"至少有两层意思，一是出于礼貌或者对诉说者的尊重，在听别人说话的时候，做到用心，细心，耐心，也就是我上篇文章中所说的不要武断地打断孩子的诉说。这是教育者起码的修养。二是要"会听"，所谓"会"就是要善于边听边想，思考别人说的话的意思，能记住别人讲话的重点和要点，或者一边听一边分析，通过"前言"推出"后语"，通过谈吐洞察内心。这是一种技巧，更是一种教育的智慧。

曾有一位高一女生在自己的作业本后面写了这样一句话："李老师，最近我很郁闷，想找你聊聊。"收到这样的请求，对我来说是一种幸福——作为教师，能够得到孩子真诚的信任当然是一种幸福。于是，下午放学后，我请她到我办公室："有什么需要我帮助的？"

她说自己最近上课总是心不在焉，不能集中精力，还会莫名其妙地心烦意乱，也不知是什么原因。我问她是不是最近遇到什么困难了，她说没有明显的困难。我又问她是不是和同学或者家长闹别扭了，她说也不是。我问："那究竟是为什么呢？"

她苦笑道："我也不知道。所以我才想找您聊一聊，想请您帮我分析一下原因。"这可把我难住了，甚至让我一时之间说不出话。

她接着说："我总觉得心里有事儿，但说不出来，上课常常发呆，下了课又后悔，有时候晚上还失眠。"

那一刻，我真感到有些无奈，因为我不知道究竟是什么让她如此烦恼。但有一点我很明确，她一定有着自己也说不出原因的烦恼，她找我倒未必是一定要我给她分析出原因，更多的应该是想找个信任的人倾诉而已。于是，我决定放弃向她追问原因，就和她随意聊聊，说不定在她放松聊天的过程中，我能够有所发现。

可是，从哪儿开始引导她畅所欲言呢？她刚才说到"失眠"，我打算就从这一点切入，把话题拓展开去。我说："哦，我的睡眠也不好，也是从高中开始就失眠了。我当时失眠是因为我在外地读书，不适应环境，并且很想家。"这是一个远离家乡长期住校的女生，我想不动声色地引起她的共鸣。

但她却并未产生我期待的"共鸣"，而是说："我倒不是很想家，因为我从初中开始就住校了。再说，进了高中我感觉这个班也挺好的。"

我顺势抛出另一个话题："好在什么地方呀？进高中已经快一

学期了，都有哪些感觉呀？"

她终于"上当"了，开始滔滔不绝地和我述说一学期以来的高中生活，我基本上没有插话，一直非常专注地捕捉她话语中的信息。她谈到了高中后学习难度的陡然增加，谈到了寝室里同学的互相帮助，谈到了高中各位老师和初中老师的不同，谈到了运动会和歌咏比赛时所感到的集体荣誉感，谈到了我们班那次秋游去峨眉山给她留下的深刻印象……在她忘情地谈论这一切的过程中，我发现在这些似乎不相关的生活片段里，总有一个男生的身影出现，也就是她的同桌，我班的学习委员。每次谈到他，她都特别兴奋，我突然想到，听科任老师说，最近她和他走得特别近。这里面会不会有什么别样的东西？

但我依然不动声色，目不转睛地看着她，听她继续滔滔不绝。也许她并没有意识到自己的"失言"，不知不觉同时也是自然而然地暴露了自己可能都没有意识到的"秘密"。

凭着我多年的经验和对她的了解，我基本上可以确定，她正被自己也说不清的某种情感所困扰，当然，这种情感也许是朦胧的"两厢情愿"，也许是清晰的"单相思"。青春期的少女，陷入这样的情感，上课怎能不心不在焉？夜晚怎能不辗转反侧？

要不要跟她挑明，然后予以引导？我在心里盘算着，犹豫着。

这种情况可能是许多班主任常常遇到的难题。解决这个难题的关键是，要看班主任和具体学生的信任究竟达到了怎样的程度。如果学生对班主任没有足够的信任，只是一般的关系，我的观点是班主任最好不要挑明，否则可能达不到应有的效果，相反会让学生很尴尬。但如果班主任和该生已经有了高度的信任感，那就不妨像朋友一般坦诚相见。

我当时选择了后者。因为我感觉，这个学生从开学以来，对我都很信任，常常找我聊天，还曾给我写信倾诉她的苦恼。而且这次也是她主动约我谈心的，我应该用自己的真诚回报她对我的真诚。

所以，等她说完了之后，我微笑着说："我估计你心里有'人'了，这是你烦恼的原因。"

她愣了一下，当然明白了我的意思，红着脸低下了头，小声说："其实也没有明说过，但心里老是……"

果真如此。心里装着一个暗恋的人，但又没有"明说"——还不知道那男生是怎样想的呢！如此一来，这女生能不烦恼吗？而且这烦恼是潜滋暗长的，她自己都感觉不到，只是觉得"说不清"。

接下来我的引导便有了针对性，我和她谈了很久。应该说我引导得比较顺利，因为后来这个女生发展得很好。这是一个关于"早恋"情感的引导，这里不再赘述。我举这个例子，重点不是说如何开导"早恋"，而主要是想展示一下，怎样才是"倾听"。

当然，并不是每一位学生都能快速地信任老师并倾诉其内心的苦闷，有时由于种种原因，他们不一定愿意直接袒露自己的内心世界，这时，班主任应善于从学生欲言又止的神态或吞吞吐吐的只言片语中，猜测、推测出学生的真实想法。

有一个男生经常和别人打架，据说大多数情况下是他主动去打别人。一次，他被德育主任领到我的办公室，据德育主任说他又在操场欺负人。德育主任走了之后，我让他坐下，问："你有什么要说的？"

凭我的感觉，这个男生对我没有多大的信任感，相反，常常对我很抵触。因此，听了我的话，他看了我一眼，气冲冲地说了一句："我有什么好说的！"然后不屑地把头偏向一边。从他的话语和表情中，我感到他可能误解了我的意思。我问"你有什么要说的"，他理解为质问，认为我在批评他："欺负同学，被现场抓获，你还有什么好说的！"

于是，我平静而略带温和地追问了一句："也许你打人是有原因的，说不定你还有道理，不妨说出来，让我了解一下。"

听了我的话，他把头转了过来，似乎有些吃惊地看着我。

我继续说："是的，我真心想听听你的解释。"

火山爆发一般，他开始发泄了。我说他是"发泄"，一点也不夸张。他的语速很快，情绪也很激动，说了很多很多。有对事件经过的陈述，有对自己的辩解（当然有合理的因素），更有对老师（包括我）的抱怨……他明显是站在他的角度上看问题的，很偏激，很片面，但是很真诚，而且有的话说得很对，包括对我的抱怨，比如他说："我欺负过一次同学，结果以后凡是我和别人打架都是我不对，都是我在欺负别人。你们老师就是这样，对我有偏见！"

我一直很冷静，他在说，我在想——这里的"想"包括我的反思与自责。那次和他的谈心相当成功。他心悦诚服地接受了我的教育，我也真诚坦荡地接受了他的批评。也正是从这些谈心——严格来说是我的倾听之后，我和他建立了深厚的情谊和高度的信任。

刚才我说，善于倾听，是一种教育智慧，这里我还要说，善于倾听更是一种教育艺术。

要善于化批评为表扬

教育效果的最高境界当然是走进心灵。所谓"走进心灵"，就是让孩子的心灵有所感动，有所醒悟；让孩子在犯了错误之后，能够心悦诚服地接受老师的教育。要达到这个目的，方法至关重要。

比如"批评"。毫无疑问，批评是教育的重要方法，说批评"重要"是因为我认为在教育中批评是不可缺少的。或者说，没有批评的教育是不完整的、有缺陷的教育。但是，有时候表扬比批评更加有效。富有智慧的教师，哪怕是在学生犯了错误的时候也能够找到学生可以鼓励和表扬的地方，巧妙地将批评转化为表扬，从而达到触动学生心灵、教育学生的目的。

有一天，一个叫王君的女孩子被人欺负了，流着眼泪来向我诉说她被人欺负的经过。原来，她是英语科代表，同桌张霖经常因为不交作业而被老师批评，于是张霖便认为是王君从中作梗，因此对王君怀恨在心，在其他同学面前不停地说王君的坏话，还煽动他们不和王君玩儿。

我听了以后对王君说："我找张霖来谈谈，好吗？"

"不，"王君不同意，"那样的话张霖会更加恨我，其他同学更不会和我玩儿了。"

我很奇怪："那你为什么要对我说这些呢？"

王君说："我心里不好受，就想找个人说说，这样心里好受些。"

我很感动，对王君说："好，我不直接去批评张霖，但过几天我到班上去对全班同学说说关于尊重人的道理，好吗？"

她点头答应道："嗯，但你不要点名批评张霖。"

我说："好的。我也不提这件事，只是正面给同学们讲尊重人的道理。"

她走后我便开始思考，的确，如果我现在直接把张霖找来批评一顿，张霖不仅不会从心里接受我的教育，而且会更加恨王君。我觉得还是采用集体谈话的方式对全班同学进行正面教育比较好。

过了几天，我准备去教室对学生们进行集体谈话。本来我是想去讲讲道理的，但转念一想，其实所谓"尊重人"的道理，学生早就知道了，如果我再去喋喋不休地重复一番，学生只会觉得老生常谈，我的话就很难让他们的心有所触动。我决定换一种方式，给学生读一篇名为《一碗清汤荞麦面》的小说，这是一部关于人性赞歌的作品。进教室之前，我特别问了问班主任最近班上有没有什么值得表扬的事情，班主任老师对我说了一些优秀学生帮助同学的事。做好这些准备后，我走进了教室。

学生见我进来都感到很惊喜，不知道我这个校长为什么要来给他们上课，我说："听你们班主任说你们最近进步很大，我很高兴，特意来表扬你们。"我举了一些从班主任那里听来的例子，说："我们班上有这么多给别人带去爱的同学，我非常感动。我曾送给全校同学一句话……"

同学们打断我的话，齐声说："让人们因我的存在而感到幸福！"

"是的，就是这句话。刚才我表扬的那些同学，给我们带来了幸福，他们是我们班的骄傲！"我说，"为了表扬这些同学，也为了鼓励我们班将来有越来越多这样的同学，今天我带了一碗'面'来请大家吃。这碗面叫作《一碗清汤荞麦面》。"

我开始朗读这篇小说，一边读一边评论，同时引导学生们讨论作品中的情节和人物。教室里很安静，孩子们专心致志地听我的朗读。小说中对美好人性的赞颂深深地打动了每一个同学的心。我特别注意张霖的表情，我看到她也听得非常专注，她的眼睛一直注视着我。

我自始至终没有提王君被欺负的事，自然也没有具体地批评任何一个同学，但我知道，我想要表达的意思已经通过我的表扬和对这篇小说的朗读评论，全都表达出来了。而且，包括张霖在内的每个同学都被感动了。

对于这件事的处理，我有三个办法可以选择：第一，直接找张霖来批评教育；第二，到班上去教育全班学生，在教育过程中，不点名地批评张霖；第三，通过表扬尊重别人的好现象，再带着学生读《一碗清汤荞麦面》，让每个同学都受到感动，当然也让张霖自然而然地想到自己。

　　我采用的是第三种方法，后来的事实证明，我是成功的。我听班主任说，张霖再也没有欺负王君同学了。

　　但过了一段时间，我听班主任说，张霖虽然没有欺负王君了，可英语学习却越来越糟糕，不认真学，还和英语老师的关系不太好。我对班主任说："我找张霖谈谈吧。"

　　我并不是她的班主任，从来没有和她单独谈过，如果我单刀直入地批评她英语学习不认真，显然不能让她心服口服。于是我决定还是从表扬开始。所以在找她之前，我专门问了问班主任张霖最近有哪些地方进步突出。班主任告诉我，她团结同学了，不挑拨离间了，关心集体了，数学学习成绩也有了进步……

　　下午，我把张霖叫出教室。

　　我把她叫出来的时候，我看她有些紧张。我问："李校长找你谈话，是不是有点紧张？"

　　她不说话，但表情透露着紧张。

　　是呀，突然被校长叫出教室，作为学生自然会有些紧张。我笑了，说："不用紧张，我是专门来表扬你的。"

她有些吃惊，抬头看着我。

我说："上学期，我听任老师说你有不少缺点。是不是呀？"

她点点头，小声说："我原来学习不努力，和同学不团结。"

我说："但现在听说你改正了许多，是不是呀？"

她说："是的。"

我说："所以，我很高兴，我要表扬你的进步。这就是我今天找你的原因。"

我注意到，她的脸上完全没有了紧张，有的是些许自豪的微笑。

我准备转变话题，谈她现在存在的缺点。本来我想说："有了进步很好，但你还可以做得更好，你现在还有一些缺点，比如……"可是，话到嘴边，我脑子里又闪了一下，最后说出来的话是这样的："你的进步让老师很高兴，其实你还可以做得更好，是不是？"

她点点头。

我追问："哪些方面还可以做得更好呢？"

她说："我的英语成绩还不太好……"

我问她想没想过是什么原因造成英语成绩不好，她进行了一些分析。这个分析的过程，就是她自我教育的过程，而这种"自我教育"显然比我直截了当地批评她要好得多。但是，我注意到，在分析英语学习的过程中，她一直没有谈到和英语老师的关系。

我开始给她讲我初中时学英语的故事，我说我原来的英语也不好。她听得非常认真。我说了我当时的一些学习方法，我强调："英语只要努力，没有学不好的。当然，要好好和英语老师配合。"我故意装作不经意地问："你现在和老师配合得怎样？"

她有些不好意思，说："配合得不好，有时候我还顶撞老师。"

我说："这正是你英语成绩不好的重要原因。以后可不要抵触老师，要多和老师接触，多向英语老师请教，这样你一定能够把英语学好！"

她点点头。

我说："听说你有了很大的进步，所以我给你准备了礼物。但是现在还不能送你，我想等你有了更大的进步，特别是英语学习有了进步，我再把这礼物送你，好吗？祝你取得更大的进步！"

又过了一学期，我特别向班主任打听张霖的表现情况，特别是英语学习有没有进步。班主任说她进步相当大，英语成绩也有了提高。于是，我再次找来张霖，表扬了她的进步，并把礼物送给了她。她特别开心。

张霖的进步当然不是我一个人的功劳，她的班主任和其他老师都为她的进步付出了许多。但是从我这个角度看，化表扬为批评，或者说，巧妙地寓批评于表扬之中，是我转化张霖的"诀窍"。

人们常说，榜样的力量是无穷的。其实，每一个人都是独特的、不可复制的，因此榜样的力量未必无穷。但表扬的力量的确是无穷的！只要这表扬是真诚而符合实际的。喜欢听表扬是人的天性，从表扬中，我们可以感到一种尊严和尊重。这种尊严感和尊重感，会激励我们朝着好的方向不断进步。因此，在教育学生的方式上，我首先选择表扬。

但是，对问题显著的学生，班集体的表扬比教师个人的表扬效果更加理想。我多次的问卷调查结果表明，在老师表扬和集体褒奖之间，学生更看重后者。

我的班上曾经有三个"后进生"特别让我头疼。在采用多种方法都收效甚微之后，我曾想过我的教育是不是存在问题。经过反思，我找到了问题所在：第一，我把教育这几个"后进生"看成我和他们之间的"较量"，而忘记了发挥班集体的作用；第二，我对他们批评多表扬少，因为找他们谈心多是在他们犯了错误之后，自然批评就多一些。

我决定改变策略，运用"集体表扬"的方式激励他们改正错误，不断进步。新学期第一天，我把这几个"后进生"找来和他们商量："这学期你们几个同学展开比赛，怎么样？"

孩子都有争强好胜的天性，"后进生"也不例外。听说要"比赛"，他们来了兴趣，直问我"比赛什么""怎么比赛"。我说："你们三个比赛一下，看谁各方面的进步最大，裁判不是我，而是全班同学。半期考试的时候，我请全班同学投票，看你们谁的进步大。选票就是半期考试的作文。"

接着我在班上宣布，提前公布半期语文考试作文题《×× 同学进步大》。虽然这个×× 并未明确指谁，但大家的目光自然会盯着平时最调皮的同学。由于学生们的作文只能写一位同学，这就使参加比赛的三个"后进生"之间有了竞争，而且这种竞争是随时处在学生集体的监督之中的。由于学生的"选票"是考试作文，他们自然会认真对待，而这种"认真"就体现为平时对那几个"后进生"的细心关注。

半期考试时，我果真出了《××同学进步大》的作文让学生们写。收上试卷一看，三个"后进生"得到的选票相差无几。我把每个学生得到的"选票"，就是写他们进步的作文都发给他们，给他们提了三个要求："第一，回家后把这些作文读给爸爸妈妈听听，和爸爸妈妈分享你成功的喜悦；第二，把每篇作文中最能打动你的语句勾画出来；第三，选一篇你认为写得最好的作文，在评讲作文时为全班同学朗读。

这三个要求都蕴含着我的教育意图：让他们读作文给家长听，是想让这些"后进生"的家长也享受表扬并受到鼓励；勾画最能打动心灵的语句，是想让后进生读得更加仔细，这样才能真正地感动他们；在班上读作文，是想营造一种令"后进生"自豪的氛围，让他们在这氛围中坦然地表扬自己！

这种教育技巧，我在对历届学生中的"后进生"教育中都运用过，可以说是屡试不爽。走进学生的心灵不容易，走进"后进生"的心灵更难。但只要富于智慧，我们是可以走进"后进生"心灵的。批评是不可取代的，但有时候批评为什么不可以穿上表扬的外衣呢？

用书信走进学生的心灵

几乎每个班主任都遇到过这样的学生：性格内向，不善言谈，虽然对老师并不一定有什么抵触情绪，但面对老师，要么一言不发，要么问什么答什么。常常有老师很苦恼地问我："遇到这种性格内向的学生该怎么办？"

是的，作为班主任，无法与学生沟通的确很苦恼。老师满腔热情地和学生沟通，但学生却"不领情"。其实，我刚才说了，不领情的学生不一定是对老师有什么抵触情绪，而更多的是由青春期特有的心理所致。随着年龄的增长，不少学生对老师、家长逐渐关闭了自己的心灵，小学时开朗健谈的孩子进入中学后在大人面前变得沉默寡言了。因此，对于处在青春期的中学生，有时候交谈并不是心灵沟通的最好形式。在这种情况下，书信便成了师生对话的合适途径。对学生（尤其是对一些性格内向的学生）来讲，这样做既避免了面谈的局促不安，又能与自己信任的老师进行有趣（与每天见面的老师通信，的确是有趣的）、有效的心灵交流。对班主任来说，与学生建立并保持书信联系，则意味着赢得了学生的信任，这本身就是一种教育的成功。更重要的是，通过师生书信往来，班主任可以比当面谈话更全面、更真实、更细腻地感受到学生的内心世界及其变化，从而更主动、更准确、更有效地对学生进行心灵的引导。

我第一次和班上的学生通信始于二十多年前。洪菁是一个天资聪明、思想早熟、性格内向的学生。她把周围的一切都看得较灰暗，学习懒散，缺乏上进心。我多次找她谈心，往往都只是我自言自语，而她却一言不发，最多点点头。像这样的学生，要了解她的真实思想是很难的。考虑到她擅长写作，我便决定在她身上尝试一种新的沟通方法——师生通信。

在给她的第一封信中，我谈了与她通信的目的："进行朋友式的思想交流，以互相理解、互相启迪，同时也进一步提高写作水平。"我有意识地隐蔽了我的教育意图。我还与她"约法三章"："第一，我们既是师生，又是朋友，各自的看法、观点绝不强加于对方；第二，通信是自由的，什么都可以谈，是否继续通信也完全由自己决定；第三，我们的通信是保密的，内容绝不让第三者知道。"信中，我还就她的性格特征、精神面貌、爱好等谈了我的看法。

一周后，她回信了："惊讶地收到您的来信，觉得挺好玩的。我当然愿意与您进行这种有趣的通信。读了您的信，我觉得您似乎像小学生一样幼稚而纯真——原谅我的不敬……我想向您申明：我不是个纯洁的女孩子，哪方面都不是！上次您来家访，说我与班上同学一样，是'心清如水'的孩子。我要向您坦白：我一点儿也不纯洁，我过早地明白了许多不该我明白的事……我想搞好学习，但不知怎样才能获得上进的动力，您能告诉我吗？……"

她向我敞开了心扉，我在欣喜中给她回了信："虽然你自认为过早地知道了一些不该知道的事，但我认为你的确是纯洁的。因为不纯洁的人不会如此坦率；另外，过早地知道一些事未必是坏事，只要自己思想意识健康，便是'心清如水'……"

时间一天天流逝，我和她的通信却一直没有中断。谈思想、学习、趣事、苦恼……我并不奢望仅靠通信就使她成为"后进变先进"的典型，但这种真诚的思想交流所产生的潜移默化的教育作用是客观存在的。洪菁的精神面貌的确发生了一些可喜的变化：在收到我第一封信的次日早晨她竟破天荒地主动为全教室里的开水保温桶打开水，这让大家很吃惊。期末语文考试她名列全班之首，她却还主动找到我："李老师，这道题你少扣了我一分……"

与洪菁通信的成功使我的班主任日常工作多了一项内容，但也因此让我进入了一个鲜活的心灵世界。事实证明，"迫不及待"地想了解学生，或"好为人师"地处处教训学生，学生往往不买我们的账。而俯下身子和学生平等地交流，学生或许会情不自禁地有所思索，有所醒悟，有所感奋——这正是当年我和洪菁通信得到的教育启示。正是从和洪菁通信开始，二十多年来，和班上学生通信成了我班主任工作的重要内容之一。

怎样与学生保持书信交流呢？

第一，巧妙联系。以了解思想和汇报思想为目的的师生通信，学生是不会欢迎的，因此，班主任发出的第一封信，应避开容易引起学生的反感或误会的内容，从学生最关心、最感兴趣的话题谈起。另外，为了不使学生感到突兀，教师的第一封信还应该选择一个恰当的日子发出：或是这位学生生病在家的时候，或是他正为考试失利难过的时候，或是他的生日那天……总之，只要班主任对学生有充分的了解，他就一定能找到发出第一封信的"借口"，并可以充满信心地等待学生的回信。

第二，内容不限。师生书信联系应建立在双方自愿的基础上，特别是对学生来说，他给老师写信，应完全是出于自身的需要，而不是碍于老师的情面。如果要让学生保持与老师通信的兴趣与热情，班主任要特别注意，不应对书信内容有所限制，相反，要尽量让学生有充分的思想自由，不断丰富书信的内容。学生在书信中话题越宽，越说明他对老师很信赖，这样，师生的书信联系便越稳定、越持久。

第三，平等对话。师生在书信往来中应该绝对平等——在书信中，学生可以向老师咨询，教师也可以向学生请教；教师可以向学生表达期望，学生也可以向老师提出建议。双方可以展开坦率的讨论甚至可以激烈地争论，但都不应把自己的观点强加给对方。即使教师的回信是目的性很强的教育引导，也要做到字里行间没有任何强迫接受的色彩，只是一种对朋友的诚恳劝勉。

最初我选择的对象，主要是性格内向甚至孤僻的学生。但随着教育效果的日渐明显，我扩大了学生通信的范围。有一些不便面谈的话题，我便通过写信和学生交流。我班筱盈同学和外班一个男生的交往明显超出了正常同学关系的界限，我觉得必须和她谈谈。于是，我把她请到了办公室里。我打算先和她聊聊别的话题：学习、生活，还有她的父母，等等。可绕了半天我都不忍心直截了当地和她谈那个男生，因为我怕她会难堪。直到她离开办公室，我都没有挑破那个话题。我决定给她写信。

面对信笺，没有了面对面的尴尬，我就很坦率了——

筱盈同学：

我想把你当朋友谈谈我的一些想法。这些想法，本来那天晚上和你聊天时我就想说的，但几次话到嘴边都没能说出口，因为我怕会让你难为情。但这些话不说我又觉得对你不负责任，毕竟我是你的班主任，该说的还是得说。于是我选择了写信这种方式。

既然是朋友，我就单刀直入吧！听说你和外班的一个男生有超越一般男女同学界限的交往，是吗？如果是这样，我就想谈谈我的想法。当然，也可能是有的人过于敏感，误解了你。但即便如此，我还是想聊聊这个话题。

……

我和她的书面交流就这样坦率地展开了。我从各个方面给她做了详尽的分析，整整写了两千字。从此，围绕"早恋"与"战胜自我"这个主题，我们保持了长期的通信，双方都真诚而直率。最后，她终于战胜了自己。同样是言语交流，但对她而言，尤其是对这种话题来说，书面显然胜于口头。

还有一种情况，就是师生发生冲突的时候，这时双方都处于激动之中，情绪往往失控，语言也往往失当。这时候，我多半会终止和学生的"交锋"，强迫自己冷静下来，也让学生冷静下来思考思考。然后，我会给学生写一封信，冷静理智而有条有理地说明我的观点。

我班周宏宇同学特别顽皮，且不爱学习，特别是不爱上英语课。有一天英语课他因为不守纪律，被老师罚站了一节课，课后我找他谈心，批评了他，他表示要改正。可第二天他又因课堂捣蛋被任课老师"请"到了我面前。当时，我真是怒火万丈，但我知道此刻我的批评很可能火药味太浓，反而会适得其反。因此，当时我没有多说什么，只叫他回去好好想想。

当晚，我给他写了一封长信——

宏宇同学：

……

实话实说，当今天××老师说你又犯了错误的时候，我真想狠狠批评你一顿！你应该理解我的心情。你上学期犯了不少错误，我没少批评你，好像在班上你也做过检查。但你并没有多大改变。今天我再次仔细分析了一下你的情况，说起来，你也没有什么大的品质问题，无非就是一个"懒"字——学习上懒，生活上懒。另外，你还缺乏毅力。我相信你多次想过要改正懒惰的缺点，但就是坚持不下去。是不是？

……

在这封信中，我对他讲了四个字："战胜自己！"并用我国第一个音乐艺术博士陈佐湟的故事激励他。

最后我写道——

我想，陈佐湟的故事肯定会打动你的。你也许没有他那么高的音乐天赋，但是，你也有属于你自己的独特天赋，你以后完全可以成为杰出的人才，关键在于你现在要成为自己意志的主人，这种意志要体现在每一天的细节中：在教室里，在寝室里，每时每刻你都应该有意识地磨炼自己的毅力，真正战胜自己。什么时候你战胜了自己，那你就开始走向成熟了。

我的意思不是说你以后就不能再犯错误了，犯错误是正常的，但是第一，不要老犯同样的错误；第二，让犯错误的周期能够越来越长。建议你养成反思的习惯，可以通过写随笔写周记，反思自己的学习，这样，你一定能够有惊人的进步。

……

几天后他回信了，真诚地向我表示感谢，并说会尽最大努力战胜自己："我会时刻提醒自己。希望我能在李老师的帮助下逐步进步，在逐步进步中完善自我。"

从此以后，我和他开始了书信交往。我的信当然没有"立竿见影"，但的确触动了他的心灵。后来他也还是会犯错误，但我依然充满韧性和耐心地和他保持着通信，一点一滴地对他进行引导、提醒、鼓励。最后，他终于成了一个优秀的学生。

我当然不能夸大师生通信的教育作用，实际上，教育是复杂的，有时候需要多种方法综合运用。但是，对某些学生来说，书信的确是一种最容易走进学生的心灵并影响学生的方式。请各位老师不妨一试。

闲聊会有意想不到的效果

我曾在一次讲学的时候，对班主任们做过一个调查："大家一般会在什么情况下找学生谈心？"

老师们交上写着答案的纸条，答案大多是："在学生犯了错误的时候""在学生成绩下降的时候""在发现学生思想情绪出现异常的时候""在学生遇到困难的时候""在学生有早恋倾向的时候"，等等。应该说，这些答案都是正确的，因为面对这些情况班主任都应该找学生谈心。

"但是，如果学生没有犯错误，成绩也很稳定，思想情绪没有异常，也没有遇到什么困难，没有早恋……我们做班主任的还找不找学生谈心呢？"这是我当时看了答案后给老师们提出的一个问题。

老师们很茫然地看着我，似乎我提了个怪问题。记得当时一个青年老师站起来说："学生一切正常，如果老是找他谈心，他会紧张。再说，我们平时也很忙，没事也就不会去找学生谈心。有什么可谈的呢？"

我说："学生在某些方面出现了异常，老师找他们谈心是完全正确的。当学生需要老师帮助的时候，我们不作为，这是一种教育失职。但是，我们的谈心，并不一定都要充满'教育性'，有时候，不，应该说更多的时候，我们应该很随意地和学生谈心，当然，这种随意性的谈心，叫作'聊天'更恰当一些。这种没有教育目的的谈心或者说聊天，是我们班主任走进学生心灵的一种有效途径。"

是的，不要只是等到出了问题才找学生谈心，不要让每一次谈心都带有明确的"解决问题""教育学生"的目的。我们还应该习惯于没有教育目的的谈心。我把这种谈心，称作"非功利性谈心"。这种"不为什么"的谈心，就是我说的"闲聊"。

既然是教育，当然就有目的，教育的目的体现在每一次的教育行为之中。这些教育行为，可以是活动，可以是班会，更多时候可以只是教师和学生的谈心。这种为解决具体问题的"功利性谈心"无可指责。

但是，这种谈心却不是效果最好的教育方式。学生遇到困难或犯了错误，就把学生叫到办公室，不管教师如何耐心如何亲切，学生都知道教师是在教育自己，他有防范心理是必然的，这种不自觉的防范心理甚至抵触心理会影响或消解老师满腔真诚的教育，也是必然的。

最好的教育是看不出教育目的的教育。在苏霍姆林斯基的不朽名著《给教师的一百条建议》的结尾，教育家给我们提的最后一条建议是"保密"，他认为，对于最好的教育来说，教育的目的应该尽可能地隐蔽起来。苏霍姆林斯基这样写道："学生了解教育，懂得教育，一般来说，是有害而无益的。这是因为在自然而然的气氛中对学生施加影响，是使这种影响产生高度效果的条件之一。换句话说，学生不必在每个具体情况下知道教师是在教育他，教育意图要隐蔽在友好的和无拘无束的相互关系气氛中……我坚信，把自己的教育意图隐蔽起来，是教育艺术十分重要的因素之一。"

在教师的内心深处，教育的目的应该明确；但在外在的行为中，教师的教育痕迹则应该尽可能淡化，即所谓"春风化雨""润物无声"。没有具体教育指向的"非功利性谈心"，就是隐蔽了目的淡化了痕迹的教育。

我当然不是反对教育目的明确的谈心和教育痕迹很明显的教育行为。有时候，对于一些迫在眉睫刻不容缓的教育难题，我们需要把学生叫到办公室进行单刀直入、斩钉截铁、"三下五除二"式的谈话："你不能这样……""你应该……"这也是一种教育，这种谈心未必无效。但这不是唯一的教育谈心方式，而且我建议，如果不是万不得已，尽量不要采用这种谈心方式。

即使是目的明确的教育——比如转化某一个"后进生"，我们最好也应该尽可能多一些"教育的铺垫"。我这里所谓的"教育的铺垫"，指的是为了达到最后有效的教育效果，而在接触教育对象的时候所做的一些似乎（注意，仅仅是"似乎"）与"教育"无关或者说至少学生看不出与教育有直接关系的"前期准备工作"，比如建立感情，达成信任，等等。这种"教育的铺垫"，就包括"非功利性谈心"。因为这种谈心，正是"建立感情，达成信任"的必要而有效的方式。

我有过多次和"后进生"打交道的经历。面对顽劣的学生，除非是需要我当机立断制止的突发性违纪事件，我一般不会找这些学生来进行带有明显告诫或帮助色彩的谈心。道理很简单，对这样的孩子来说，从读小学起，他们所承受的这种"苦口婆心"或"语重心长"已经太多太多，他们的心灵已经形成了不自觉抵挡这种"教育"的厚障壁——虽然表面上他们也许沉默无言或者温顺地频频点头。最近看宋丹丹的《幸福深处》一书，她在书中谈到自己儿子的时候，说过这样的话——其实，在小学的时候，老师家长就已经把做人的道理讲完了，中学之后老师和家长的反复唠叨，无非就是一些常识的重复（大意，不是原话）。是呀，如果我们做老师的动辄把学生叫来重复这些常识，学生心里能不烦吗？

面对这样的学生，我们不要老是在他犯了错误的时候才进行严厉的批评，也不要在他没有犯错误的时候找他来说教一番。我们应该在日常生活中，自然而然地和他们一起玩儿一起聊天。在更多的时候，我们要善于以朋友甚至是"哥儿们"的身份而不是以教师的身份与他们交往，至少要让孩子在某些时候忘记我们是老师。"非功利性谈心"的意义之一，正在于此。

仔细推敲，既然是"教育的铺垫"，那么这种"非功利性谈心"其实也是功利的，因为你是在为下一步的教育搭桥呀。但是，相对于立竿见影的教育追求，这种谈心的功利性不那么急切不那么明显。教育的目的在这里被隐蔽了——用苏霍姆林斯基的话来说，就是教育的目的已经"隐蔽在友好的、无拘无束的气氛中"了。我有许多成功转化"后进生"的案例（限于篇幅，无法详述），在这些案例中，和学生之间进行的自然而然的、"不为什么的"谈心，使我和学生建立了一种真诚的关系，这种关系是成功转化他们的必备条件。

我们再把问题引向深处：假如我们没有必须解决的问题、必须转化的"后进生"——换句话说，如果我们没有必要进行"教育的铺垫"，那么，我们还有没有必要和学生谈心呢？

其实，从宏观上看，从来就没有所谓"非功利"的教育，只要有教育就会有教育的目的。只是，"教育的目的"不一定都是"亟待解决"的具体问题，也可能是对人的潜移默化的长远影响。教育，就是影响，就是感染，就是对人格、灵魂的熏陶与引领。

这些"影响""感染""熏陶""引领"，可以通过震撼人心的活动来实现，但更多的时候，恰恰是通过日常生活中的聊天（即我所说的"非功利性谈心"）来实现的。因为我们和学生存在着一种特定的教育关系，于是，无论我们是否意识到，这些随意性的聊天都包含着丰富的教育因素。对学生和教师来说，都是一种生活的体验。

写到这里，我想到了当代世界著名教育学专家、加拿大著名的教育学者马克斯·范梅南在《教学机智——教育智慧的意蕴》一书中的几句论述："对年幼的孩子来说，与教育者的教育关系远不只是达到某种目的（受到教育或成长）的手段；这种关系是一种生活的体验，具有其本身和内在的意义。在我们的母亲、父亲、老师或其他的成人面前我们体验到了真正的成长和个性的发展。我们与他们的关系可能比友谊和罗曼蒂克的爱的体验具有更加深刻的影响。我们可能会终生感激一位父母或老师，即使我们从这个人那里学到的物质性的知识会逐渐丧失其适切性。这部分的原因可能是由于这样的事实：我们从一位伟大的老师那所'获得'的与其说是一个具体的知识体系或一组技巧，还不如说是这位体现和代表知识的老师的行为方式——他或她的生活热情、严于律己、献身精神、人格力量、强烈的责任感，等等。"

这段话非常深刻地揭示了师生之间、亲子之间的"教育关系"对孩子的影响。是的，重要的是"关系"——这是一种特定的关系，是教育性的，但又不是处处暴露"教育性"的。师生（如果就家庭教育而言，则是父母和孩子）在日常生活交往的每一个细节都蕴含着深刻的教育性但又不易察觉。这种教育潜藏在关系之中，同时这种关系本身就是一种教育，而更重要的是——这种教育就是生活本身！

如果站在这样的高度来看待我们和学生之间的谈心，"功利性"也好，"非功利"也好，重要的已经不是谈什么了，而是"谈话"本身所呈现的师生关系。但是我还是要强调，非功利性的谈心更能让我们自然而然地走进学生的心灵，并产生积极的影响。这样的谈心，几乎什么都可以涉及：阅读热点、人文话题、科技视野、体育新闻、社会现象、旅游趣闻，漫无边际，海阔天空，纵横天下，驰骋古今。这种"不为什么"的聊天最容易展示出教育者的善良、真诚、热情、平等、民主、幽默、博学等人格魅力，进而影响学生的心灵。

当然，这种谈心是需要合适的时机的，不然，你冷不丁叫一个学生："来，到我办公室谈谈心！"他不仅会感到很突然，而且会觉得很别扭，谈话也可能会很尴尬。因此，捕捉谈心的时机就显得尤为重要。只要班主任老师和学生建立起一种亲密关系，这种时机就不难找到，关键是要"自然"：也许是学生生日那天放学的时候，也许是在学生养病的时候，也许是和学生一起观看球赛的时候，也许是饭后和学生一起散步的时候……

在这里，我特别要推荐在野外活动中的聊天。没有活动就没有教育。我这里的"活动"不是指教室内的班会活动，而是指置身于大自然的各种活动。在蓝天白云之下，在无边的田野之上，或者在茫茫的深林中，教师最容易和学生的心贴在一起。回想我和学生聊天中最自然最投入也最惬意的时候，往往都是在旅途中。每次放假，我都会安排一次与学生的旅游：我曾与学生站在黄果树瀑布下面，让飞花溅玉的瀑水把我们浑身浇透；我曾与学生穿着铁钉鞋，冒着风雪手挽手登上冰雪世界峨眉之巅；我曾与学生在风雨中攀登几个小时，饥寒交迫地进入瓦屋山原始森林……旅途中一次次深入彼此心灵的闲聊，是我和学生最难忘的记忆，同时也让我感到无限幸福。这种幸福不只是我赐予学生的，也不单是学生奉献给我的，它是我们共同创造、平等分享的"心灵盛宴"。

请给孩子以生日的祝福

有时候，教师用心灵赢得学生的心灵，其实是很容易的。比如在孩子生日那天，给孩子以真诚的祝福。虽然对一般人来说，只是普通的一天，但对这天过生日的孩子来说，收到老师特别的祝福，会让他十分感动，师生的心也会自然而然地贴在一起。

当班主任十几年来，真诚的师生情使"生日"——我的生日和学生的生日，成了我们共同的节日。

最初我给学生送生日礼物完全是出于偶然。

记不清是参加工作的第二年还是第三年，有一次我给学生布置写作文，作文的题目是《忘不了妈妈给我的爱》，班上有个名叫章舒云的女生迟迟没有交作文。放学后，我把她留下来问她为什么不写作文，她却低着头，一言不发，只是不停地流泪。我当时狠狠地批评了她，并决定去她家家访。到了她家，我才了解到她其实是个孤儿：爸爸妈妈几年前先后病故，她平时和哥哥一起生活……

我怎么这么粗心，连班上有个孤儿都不知道呢？当天晚上我一回到学校，就马上找出学生报名登记册，翻到章舒云那一页，上面明明写着她父母的姓名及工作单位。我想，是章舒云的自尊心使她向同学老师隐瞒了自己的不幸吧！

我怀着沉重的心情久久地凝视着这一页登记表，突然发现，明天就是章舒云的生日！

于是，第二天，我特意买了一个文具盒，作为送给章舒云的生日礼物。

从那以后，我开始尽我所能地为学生祝贺生日：无论多忙，我都提醒自己别忘了学生的生日。为了不忘记每一位学生的生日，我每接手一个班，便把所有学生的生日印制成一张醒目的"一览表"，压在家里的书桌玻璃板下面，同时还贴了一张在办公室的墙上。

我可以自豪地说，从教初 87 级一班起到现在，我教的每一位学生都收到过我的生日礼物：大到生日蛋糕，小到一张精美的书签……

如果说，刚开始我为学生祝贺生日，主要是对学生感情的表达的话，那么，后来这种方式就是在表达情感的同时又有意识地注入了教育的内容。

20 世纪 80 年代我送给学生的礼物，最多的是书籍，而且往往是针对不同学生的特点而赠送不同内容的书。刘令喜爱现代革命史，他得到的礼物是一本《长征：前所未闻的故事》；我希望程桦战胜自己，便赠给他一套《约翰·克利斯多夫》；潘芳奕爱好古典文学，我便送他一套《红楼梦》；彭艳阳思想纯正、为人善良，我送了她一本《傅雷家书》；雷磊酷爱数学，我送的便是《数学思维训练》；杨鸣明喜欢哲学，我就送他《通俗哲学》；范晓靖喜欢军事书籍，我便送他一本《孙子今译》……

进入 20 世纪 90 年代，书价猛涨，我的经济能力有些承受不了，我便改为赠送笔记本，并在笔记本的扉页上写一段热情勉励的话或一首小诗。这里，我摘录几则我所教的学生进入高三学年时，我写在一些学生生日礼物上的祝词——

翔威：今天你进入 18 岁男子汉的行列了，同时，你的肩上也就有了男子汉的使命——肩负起自己的前途，肩负起祖国的未来。祝贺你，更希望你——翱翔万里，威震四方！

刘攀：在高三冲刺的日子里，你进入了 18 岁的年轮，这段时间最能体现出你名字的含义——勇往直前，奋力攀登！明年秋天，你一定会硕果累累！

李慰萱：你在班上独占了两个"全班之最"——年龄最小，个子最高；在你满 16 岁的今天，我祝你再创一个"全班之最"——成绩最好！

李成：18 岁，是生命的呐喊，18 岁，是奋进的鼓点；18 岁，是男儿的热血，18 岁，是青春的誓言！

张剑：致"水手"张剑：桅杆也许会折断，信念决不会击碎；躯体也许会困乏，心灵却永远不会疲惫！让意志接受大海的洗礼，让青春迎接朝阳的检阅——风浪中，你驶进 18 岁！

刘汀："你的性格？——目标始终如一！"在你 18 岁生日之际，我把马克思青年时代的这句"自白"赠给你，愿能为你的人生注入新的动力。

陈蓓：17 岁的蓓蕾，在初冬绽放，正迎接青春的太阳！

庄力：人生拼搏不只在考场——未来在生活中、工作中以至在社会的方方面面，都有考验我们的风浪。迎风破浪，方为英雄！

沈扬眉：绚丽青春正十八，锦绣岁月好年华；暂舍少女情与趣，拼搏人生更潇洒！

黄金涛：名字也许太普通，人格永远不会平凡；生活也许很清贫，事业永远不会黯淡；歌声也许会暂停，旋律永远不会中断；理想也许还遥远，追求永远不会遗憾！

…………

我还经常为学生举行集体生日晚会。最成功的一次，要数多年前我为我班学生主持的"14 岁生日篝火晚会"。我和学生们在学校外面的河滩上燃起了熊熊的篝火。头上，是满天星斗；身边，是滚滚岷江。大家先是高唱《少年，少年，祖国的春天》，随后由我赠送给每一位同学一张生日贺卡，然后分小组表演各种文艺节目，接下来是玩"丢手巾"的游戏，后来又是一群男生和我摔跤，到了最后大家跳啊唱啊，一直闹到深夜……

在那个晚上，我看学生们玩得开心，我也很开心。

我对学生的生日祝福，也是一种潜移默化的爱的教育。学生之间也学会了利用生日为同学送去真诚的问候。下面，是我教过的邱梅影同学的一篇作文《生日的祝贺》——

4月17日，是彭艳阳同学的生日。由于恰逢期中考试，大家只好等考完了再去祝贺她。4月19日是星期日，我和吴涛、程桦、周磊、陈晓蕾、张荣焱、潘芳奕、刘忠斌等八位同学，相约来到彭艳阳家，为她祝贺生日。

来到彭艳阳家，我们发现林玲、卢婕、彭可嘉比我们先来一步。我们笑着"骂"道："好啊，你们三个家伙什么时候蹿进来的？坦白交代！"她们急了，大声为自己争辩道："我们可是正大光明地来给艳阳庆生的！"哟，大家都不约而同想到一块去了，真难得啊！

当我们还想再吼她们几句时，彭艳阳却出来打圆场了。她大叫道："大家一起来帮我消灭蛋糕，好不好？""好！"我们忙应道。随后我们就把大家给彭艳阳买的生日蛋糕摆在桌子中央，点上蜡烛——14根。不知怎的，看着这14根蜡烛，我心中陡然涌起一股暖流。艳阳在大家的推搡下，站在蛋糕面前，一口气吹灭了14根蜡烛。顿时，掌声响了起来。大家纷纷说道："艳阳，祝你生日快乐！""谢谢大家！"她真诚地说。从她那兴奋的神情中，我不难看出她的心情是多么的激动。她激动，我们也激动。因为我们都是幸福的。彭艳阳当班长时，曾给予同学们那么多的关心和帮助，给予班集体那么多的爱！今天，我们来为她祝福，致以生日的祝贺，表达大家对她的敬意。

这时，有人敲门了。我们一打开门：呀，是李老师来了！这下更热闹了！大家见家里没有大人（李老师当然不算是"大人"），便开始狂欢。我们在李老师的指挥下，放肆地乱喊、乱叫、乱唱……喊腻了，叫够了，唱累了，便又开始吃——没多久，盘子里的广柑、香蕉就无影无踪了。洗洗手，抹抹嘴，清清喉咙，调整调整面部表情，我们又开始"重操旧业"。不过，这下不再是肆无忌惮地乱吼了，因为彭艳阳的爸爸妈妈已从里屋走出来，笑眯眯地在一旁当我们的观众了。大家决定来个"大联唱"。我们分为两派：一派是以李老师为首的男中音，另一派则是我们女同学组成的女高音。待程桦报幕完毕后，战局就拉开了。有唱《少年，少年，祖国的春天》的，有吼《冬天里的一把火》的，还有哼《武则天》的，也有叫《卖报歌》的……真是人声鼎沸！大家互不相让，都把自己平日学会的或没有完全学会的所有歌用最大的力气吼了出来。细心的彭艳阳把我们的"节目"全部录了下来。我想，等我们以后再次听到这盒"原声磁带"时，心中一定会充满无限的幸福！

时间在我们的吼叫声中溜走了，我们给彭艳阳写下了一句句祝福的话语之后，依依不舍地离开了她的家。但我永远也忘不了这个温馨而又热闹的下午。

给学生以生日的祝福，我建议：第一，送一个小礼物。这个礼物，可以是一本书，可以是一个笔记本，可以是一支笔，甚至可以只是一个书签，不必多么贵重，朴素真诚即可。第二，一定要给学生写一段祝福勉励的话，这段话要亲切随意，不要过于直白地"教育"，要像朋友一样亲切自然，最好能够有几分淡淡的幽默。第三，在这一天，最好能够找学生谈一次心，同样不要太正经严肃，而应该像朋友一般聊天。第四，把老师个人的祝福和班集体的祝福结合在一起，以各种方式让全班同学都给过生日的同学表达祝福，这种方式完全可以很简朴甚至很简单，比如，上课前，由老师提议然后由全班同学一起说："祝某某同学生日快乐！"虽然就这么一句话，却能让被祝福的同学感到集体的温暖。

请学生给自己提意见

主动征求学生对自己的批评和意见，这是向学生学习的有效方式之一。

几年前的一个教师节，学校要求各班利用班会课举行庆祝活动。这天，我吩咐班干部在教室黑板上写了一行大字："教师节——献给老师的礼物！"

班会开始时，我笑着对大家说："今天是我的节日，所以，我想向同学们索取'礼物'。"学生们顿时笑了起来，显然是不相信我的话。可我却认真地继续说："在过去的高二学年里，由于李老师修养不好，再加上工作繁重，所以，我的工作越来越简单急躁，在各方面都存在许多问题。今天，我诚心诚意请同学们对我的工作提出意见。这对我来说，的确是最好不过的礼物啊！"

接着，我又拿出事先买好的钢笔、圆珠笔和铅笔："为了鼓励和感谢同学们，今天我来个'有奖征谏'——同学们可不要坐失良机啊！"

同学们又是一阵大笑，气氛开始活跃了。他们见我十分真诚，便也开始认真地思考起来……

打头炮的是黄金涛："李老师，我们都记得，高一时您和我们没有师生界限，我们甚至可以对您直呼其名；可是到了高二，您越来越爱对我们发脾气了，师生之间有了明显的心理距离。希望李老师能恢复高一时亲切的笑容！"

我走下讲台，来到黄金涛的面前，双手递给他一支钢笔："谢谢你的批评！"班长吴冬妮站了起来："李老师，上学期班上的运动会会徽设计，您没有征求同学们的意见！"

我略略回忆了那件事的经过，说："好吧，我接受班长的批评，今后班里的事儿多和大家商量。"说完，我送了一支圆珠笔给她。

平时常挨我批评的郭坤仑也发言了："李老师有时太爱冲动。那次林川用脚狠狠踢教室当然该挨批评，但您当时拍着桌子厉声斥责他，让他写了检讨之后又请了家长，这让林川有很长一段时间都抬不起头。"

我同时拿起两支圆珠笔，一支递给郭坤仑："谢谢你的直率！"一支递给林川："请原谅李老师！"

提意见的学生越来越多了……

下课铃响了，我总结道："永远感谢同学们！愿在新的一学年，我们班的全体同学和我这个班主任精诚团结，同舟共济，共同创造明年 7 月的辉煌！"

回答我的，是一片雷鸣般的掌声！

一年后，学生们果然以出色的高考成绩为我班的历史画上了一个完美的叹号。离校之际，学生们来向我告别，他们送了我一张同学们签名的尊师卡，我打开一看，里面有黄金涛代表全班写的一句话——

"镇西兄：血脉虽不相连，心灵永远沟通！"

后来，我在编辑《恰同学少年》一书时，特意写了一篇文章《我从同学们身上学到了什么？》。我在文章中这样写道——

又一批相处了三年的学生要毕业了！平时我表扬过也批评过你们，爱过也"恨"过你们……但是到现在，我更多的是要感谢你们！因为三年来，我从同学们身上学到了很多很多。现在让我按学号顺序，谈谈每一位同学对我的教益。

龚晓冬：一颗永远善良助人的心，告诉我怎样处理好人际关系。

张剑：朴实而又坚韧。衣着整洁而文质彬彬，让我这个不太修边幅的人脸红。下次相见，一定让张剑惊讶："呀！李老师也讲究衣着了！"

孙任重：一手漂亮的行书（胡乱涂抹时除外），让我这个教语文的老师无地自容。

兰丁：高一第一天进校时，质朴的他直叹气："唉，分到李镇西班上来了！"三年来，这声叹息一直在我耳边回响着，时时提醒我，要让自己的工作使每一位到我班上来的同学都有一种幸运感。

唐国瑞：不停地挨批评，却不断地为班集体出力且一点儿都不怨恨我。如果我处在他的位置，也能做到这一点吗？

谢晓龙：英俊而爱独立思考的小伙子。"英俊"我无法学，但"独立思考"却应该学习。我曾批评他"对人没礼貌"，但高考最后一天当我在烈日下送学生入考场时，他特意走过来说："李老师，辛苦了！"我心中至今还充满暖意。

李海华：在他身上，有一种在今天看来极为难能可贵的奉献精神。在我工作有所懈怠的时候，眼前常闪现他为同学服务的身影，因此我便告诫自己："不要连学生都不如！"

陈峥：学习拔尖，品德优秀；乐任班长，甘当平民；重于学业，淡于名利。给这样的学生当老师，既占便宜（白捡了一个优生）又胆战心惊（怕一不留神，境界就比人家差一大截）。我正是在这"胆战心惊"中有所进步的。

吴冬妮：我非常欣赏她思想的独特性和思维的批判性。虽然有偏激，但探索中的片面比盲从时的全面可贵一百倍！我从她身上学会了用自己的眼睛看世界。

陈蓓：作文中简洁的语言表达出富有哲理的思考，让我这个语文老师都要向她借鉴写作技巧。

……………

我在写这些的时候，心里的确是充满真诚、感激的。正是因为有一届又一届学生的帮助，我才改正了不少缺点。

征求学生的帮助，不一定是直截了当地让学生给自己提意见。有时候，我还叫学生以"我有什么优点值得李老师学习"为主题给我写信，让他们谈自己的优点。学生在写这封信的时候，其意义已经不仅仅是"帮助李老师"了，还在于积极地认识自我。

记得我最开始叫学生写这封信的时候，相当一部分学生一个字也写不出来，因为他们觉得"我没有什么优点值得李老师学习"。是啊，在传统教育中大多数学生早已形成这样的观念：老师都是道德完人，学生是道德病人，学生怎么可能还有优点值得老师学习呢？

但是我对学生说："正如没有缺点的人不存在于这个世界上一样，没有优点的人也是不存在的。作为学生，也许在知识上暂时不如老师，但在道德上，绝不比老师差，在许多方面你们甚至远在老师之上，因为你们有一颗童心啊！"

于是，学生们纷纷交来了写有他们"优点"的信。这里，我摘引部分我现在班上的学生在上学期给我写的《我值得李老师学习的优点》——

"我的优点是能够对同学宽容，不斤斤计较。"（骆娜）

"我对集体的热情值得李老师学习，我对同学的公正也值得李老师学习。"（蔡峰）

"我觉得我很幽默，在遇到突发事件时能够静下心来处理。"

（解晓斌）

"我对同学从不记仇，这值得李老师学习。我和同学闹了矛盾，三分钟后一样和他一起玩。李老师也应该这样，头天批评了某位同学，第二天也应该从另一个角度去发现这位同学的优点。"（于若玲）

"我觉得我很少生气这点值得李老师学习。"（林媛）

"我觉得我最大的优点是做事比较认真，从不马虎。这点值得李老师学习。"（杨璐）

"我有八个优点值得李老师学习：1. 不迷信权威。2. 严于律己，宽以待人。3. 有创新精神，富于思考。4. 高远的追求，使我把目光放得更高更远。5. 尊重同学，孝敬长辈。6. 时时有不服输的精神，欲与强者分个雌雄。7. 敢于并能向任何人请教。8. 惜时如金。"（叶诚）

"我在任何时候都能控制住自己！"（崔涛）

"我的普通话说得比李老师好。"（黄易浩）

"我希望李老师向以前的我学习，因为那时候的我不贪学所以晚上睡得很早。听说李老师晚上睡得很晚，所以李老师应该向以前的我学习，早点睡。现在，我爱学习了，要把知识上欠的债追回来，晚上也睡得很晚，李老师不要向现在的我学习。"（郭锐）

"说真的，我也不知道我最值得李老师学习的一点是什么，不是因为我没有优点，而是因为我不知道李老师哪方面还有不足。想来想去，还是只有善良这点能拿来跟李老师相比。当然我并不是说李老师不善良，只是觉得，我比李老师还善良。我们有时会说李老师心太软。其实，如果我们换一下位置，说不定我比李老师还心软。李老师很善良，这是每个同学都认可的。但某些时候就不太善良。比如批评同学的时候，虽然常常是语重心长，但偶尔也会大发雷霆。每当这时候李老师都很可怕。即使我们非常理解你为什么会生那么大的气，但是理解归理解，我们毕竟只有十多岁，这种大发雷霆往往会在我们的心里留下不好的印象。因为要知道，在我们遇到李老师以前，不是每个老师都像你一样关心和尊重学生的，曾被老师辱骂过的同学，心灵上往往会留下对老师不好的印象。过于严厉的批评，只会让这些曾经受到过伤害的同学误以为天下的老师都是'同一货色'，这样便破坏了您在我们心目中的形象。当然这种严厉批评同学的情况李老师并不是时常都有，我甚至也记不起您是否有过。我只是想真心地提醒李老师。这段文字写得实在有些跑题，与其说是告诉老师应该向我学习的优点，不如说是给李老师的一点建议，请李老师参考。"（尹萍）

．．．．．．．．．．．

　　一封信就是一面镜子，我从中看到了自己的不足，也看到了学生对我的期望。真的，我真是太感谢我的学生了！虽然，我可能不能完全做到他们所期望的那样，但我会尽力不让他们失望。比如，自从我读了尹萍给我写的建议后，到现在，我都没有在班上"大发雷霆"过一次！通过这样的活动，学生也看到了自己的人格中某些可能在以前被忽略了的亮点，因此增强了自信和自豪。先生和学生，正是这样在人格上互相为师，共同进步。

从某种意义上讲，教育是师生心灵的和谐共振，是互相感染、互相影响、互相欣赏的精神创造过程。它是心灵对心灵的感受，心灵对心灵的理解，心灵对心灵的耕耘，心灵对心灵的创造。让我们的教育有更多的民主，更多的平等，更多的科学，更多的个性。让我们的教育成为师生共同成长的精神历程！

尽可能让自己富有幽默感

有一年的教师节前夕，合肥安庆路第三小学对学生进行了一次问卷调查，调查结果显示"魅力型"老师最受小学生们欢迎。而在孩子们心中，"魅力"的最重要的要素是"幽默"。90%的同学认为幽默是"最受欢迎的老师"必不可少的条件，甚至是首要条件。

其实，又岂止是安徽的小学生？岂止是小学生？很多类似的调查都表明，中小学生普遍喜欢有幽默感的老师。

幽默的特点，在于含蓄与富有情趣，其表现形式是诙谐而充满机智的。幽默的适用是极为广泛的，不仅在文学艺术作品中，而且在政治、新闻报道以至讲演里都经常用到。马克思、恩格斯、列宁、毛泽东都很善于运用幽默。西方的政治家、外交官也很重视幽默，他们将幽默作为一种政治外交手段。在一般人的社会生活中，人们用幽默协调人际间的关系，把幽默看成生活中不可缺少的润滑剂，并将其运用到教育、医疗等各个方面，更不用说在交际场合了。幽默感是指运用幽默与感受幽默的能力。在日常生活、工作与人际关系中，有幽默感的人往往能给人以宽厚、机智、豁达而富有生气的印象。

教育，作为一项和人的心灵打交道的事业，幽默更是必不可少。

幽默能够让严肃的批评变得富有人情味并充满情趣。有一次在我的课堂上，有一个学生趴在桌子上睡着了，我走到他的身边，看了看他，然后很夸张地对全班同学说："啊，我的课讲得真好！你们看，这个同学都因我的课而陶醉了！"全班大笑，这个同学醒来，也不好意思地笑了，后面的课他听得很认真。试想一下，如果我声嘶力竭地批评他一通，效果会怎样？

幽默能够让学生在最短的时间内和老师拉近心理距离。有一年，我去成都西藏中学代课，走进教室，看到满教室的藏族学生，我笑眯眯地说："虽然我们第一次见面，但我站在这里我就和你们一样都是少数民族了。"学生们马上很欣喜地问："老师也是藏族吗？"我说："不，我是汉族人。"他们很疑惑地问："那您说您是少数民族……"我笑了："我说我站在这里是少数民族。你们看，在这教室里，就我一个是汉族人，我还不是少数民族吗？"学生爆笑。课后一个学生对我说："老师，您进来后说的第一句话就让我喜欢上您了！"

幽默能够向学生们展示老师豁达、开朗、乐观的胸襟。幽默总是伴随着笑声，无论是课堂教学还是班主任工作，老师的幽默总能够让课堂轻松，让师生关系和谐。我要表扬一个孩子善良，我却从自我表扬开始："李老师多善良呀！是不是？"同学们说："是的。"我话锋一转："善良得快赶上某某同学了！"同学们哈哈大笑。有时候我上课也会有口误的情况，一旦发现，我马上幽默地自嘲："唉，实在不好意思啊！中年痴呆症的典型表现！"老师的这种幽默自然会感染学生，让他们也变得乐观、阳光起来。

幽默能够让知识的传授变得津津有味，让学习的过程充满乐趣。纯粹的知识讲解，有时候难免让人感觉枯燥，特别是对中小学生来说，如果老师的教学语言能够幽默一些，无疑会增强孩子学习的兴趣。汉语语法知识是比较乏味的，要通俗地给学生讲清楚对老师来说比较困难。有一次我给学生讲"在"这个字在不同语境中属于不同的词性：在一个句子中，如果有其他动词，那么它就是副词，如果没有其他动词，那么它就是动词。比如，"我在写作"和"我在家"这两个句子，前者因为有动词"写作"，因此"在"为副词，后者因句子中没有其他动词，所以"在"为动词。这个道理，学生很难明白。为此，我说了一句形象而幽默的话："山中无老虎，猴子称霸王。"我告诉学生，这里的"老虎"，就是其他动词，"猴子"就是"在"。在轻松愉快的课堂气氛中，学生一下子便把这个知识难点弄懂了。很多年后，学生来看我，聊起语文课还说到了"山中无老虎，猴子称霸王"呢！

作为年轻教师，如何培养或进一步提升自己的幽默素养呢？

幽默不是简单的搞笑，而是文化修养的一个表现，因此，培养幽默感，首先要努力提高自己的文化修养。所知所学越多，幽默的触角就越能伸向更广更深处。读过小说《围城》的人，无不被其中幽默的妙语连珠所倾倒，而若不是像钱锺书这样公认的"文化昆仑"大学者，是很难写出这样机智的文字的。当然，一般的青年教师不可能个个都是钱锺书，但我们要尽可能扩大自己的文化视野，让自己胸中的文化积淀尽可能厚重一些，谈吐自然不俗，幽默往往不期而至。几乎所有文化大师都是天才的幽默家，这种幽默不是可以培养的，而是深厚的文化内涵所散发出来的人格魅力。

幽默还能表现出对生活的乐观，所以，热爱生活，保持乐观，这是培养幽默感的又一条件。英国文豪萧伯纳自拟的墓志铭是："我早知道无论我活多久，这种事情都是会发生的。"美国作家海明威自拟的墓志铭是："恕我不起来了！"你看，乐观的人临近死亡都还拥有一颗生机蓬勃的心，而那些悲观厌世者是很难如此从容诙谐的。这里就不得不说到老师的心态，这是老话题了，但心态的确很重要。冰心老人将近百岁，依然如孩童般充满情趣。前去看望她的人问她平时都在做什么，她幽默地说："我坐以待'币'。"她的意思是等稿费，因为冰心时不时还会写点小文章，所以时不时有点小稿费。根据联合国统计，世界上能活到百岁的人不足世界总人口的万分之零点二。复旦大学老教授超过一百岁的有九个，其中包括

"汉语拼音之父"周有光，他曾幽默地说："上帝把我忘记了！"何以如此？周有光说过，要能够适应不好的环境。不着急不失望不消极，要有一个好心态。

幽默感是在生活中逐渐养成的，常听笑话，常开玩笑，幽默感就会慢慢培养起来。年轻的老师可在课余多看些幽默读物，比如订一份《讽刺与幽默》或其他幽默报刊。平时读报时，留心一下上面的标题甚至广告，也能学到不少幽默。如《百年大计乎？搭积木乎》（《人民日报》一则评论的标题），又如"不打不相识"（打字机公司的广告），最近我还看到电视里面的油漆广告是这样写的："让世界瞧瞧中国的颜色！"经常看，留心记，脑子里就会积累不少幽默或讽刺的语言。常把听来的和看到的笑话讲给别人听，与人交往时说点幽默的玩笑话，写信写文章都恰当地用上几笔，久而久之，幽默感便渐渐养成了。

幽默不是一个单纯的语言表达，而是文化内涵的自然流露，但在人际交往中，幽默很多时候需要通过某些语言形式体现出来。因此，这里简单介绍几种幽默语言的表达方式：

其一，双关法。

双关，就是同一个音节，表示不同的词，或者同一个词表示不同的意义，利用这种词的同音或多义的条件，使一句话同时带有字面意思和隐含意思。我给学生布置生活随笔，学生说没有时间写，我便给学生示范写作，让学生读我的随笔，学生都很惊讶，因为他们知道我是非常忙的，我说："我虽然很忙，但我依然零敲碎打地写，最后一网打尽！"学生都笑了，他们知道我的意思，所谓"敲""打"都是指电脑键盘操作，"网"是指网络。我的文章都是在电脑上完成的。

其二，岔断法。

岔断这种幽默语言的表达形式，主要是利用人的言行模式与思维模式的逆反性。一般情况下，我们根据 A1 后面有 A2，A2 后面有 A3，于是便会推断 A3 后面有 A4，但这时情况却突然发生了变化，A3 后面没有出现 A4，而是出现了与之不同但又有关联的 B，使人们的心理期待突然扑了空——语言的逻辑不按常规发展而突然中断，出现了一个出人意料的结局，让人不由得大笑起来，最后在笑声中恍然大悟。有一个学生字写得很糟糕，我这样批评他："李老师看你的字，就觉得你在某一个方面比李老师有学问！"他很奇怪，问为什么。如果顺着他的思路，我就应该说出他在哪方面学问比我高，但我话锋一转，指着他写的字说："你看，你写得一手漂亮的'甲骨文'！李老师就不会。"他不好意思地笑了，说："我以后一定好好练字！"

其三，对比法。

在生活中，有时强烈的不协调，会形成不和谐的对比，这种强烈的反差必然产生幽默或可笑的情趣。学生的最后一个儿童节，我组织了一次特别的班会《童心万岁》，主题是严肃的，形式却是妙趣横生的。班会上我让学生从家里找来自己最早的照片：满月照、幼儿园照片等，看看自己孩提时代清澈的眼神和纯真的笑容。我也带了几张我小时候的照片，和孩子们一起回忆童年。我还和学生一起做童年的游戏，唱童年的儿歌……这些照片、游戏和儿歌，同我们现在的年龄、身份、形象形成了强烈的"不协调"，趣味由此而生，学生们从中得到的不仅仅是笑声，还有自然而然的联想和思考。

其四，曲解法。

在对话中故意地歪曲对方话语的本义，或故意装聋听不清就是曲解。这也能产生一种幽默的效果。有一次一个学生晚上违规离校了，第二天早晨才回到学校来见我，我问他昨晚到哪儿去了，他很紧张，说没有到哪儿去，只是待在天府广场（成都市区的中心广场）毛主席（他指的是广场中心的毛泽东塑像）那儿，我故作恍然大悟："哦，你到毛主席那儿去了！去做什么了？"他说："没做什么，就站在那里……"我打断了他的话："哦，站在那里？给毛主席当警卫员去了？"他忍不住笑了，我也笑了。我之所以要这样曲解，是想通过这个玩笑缓解他紧张害怕的心情，为下一步更好地开导他创造一个和谐的氛围。

幽默语言的表达方式显然不止上面这些，还有"反语法"呀、"倒置法"呀、"夸张法"呀、"讳言法"呀，等等。年轻的老师不妨一试。

第三章

关于
"课堂教学"
的建议

让生命因课堂而精彩

课堂，我们实在是太熟悉了，一个教师一生中大概要上12000节课。我们天天打交道的课堂，它的本质究竟是什么？有人会说课堂是学生学习的场所，有人会说课堂是育人的主渠道。我认为课堂是老师与学生共同成长的原野。对老师而言：日常课堂教学是教师职业生涯最基本的构成部分。教师应该挖掘职业生活中的内在魅力，寻找对职业、对生活的幸福感受从而体现自己生命的价值。对学生而言：他们在校的绝大部分时间是在课堂上度过的，课堂不仅是学生获取知识、增强技能的场所，更应该是培养学生积极的心态、健康的人格的场所。所以，你应该用心经营自己的日常课堂，用心经营自己的课堂就等于用心经营自己的生活。让每堂课都能或多或少地延伸自己生命的深度和广度，让每一堂课都成为你生活旅途中的幸福驿站，蓦然回首时，你会发现，原来教书也能教得有滋有味。

在教学中，能否让师生焕发出生命的光彩，关键在于你是否带着自己的思想去教学，是否在用心教学。你只有把自身的情感融入其中，投入地对待每一节课，才能真正使日常课堂成为朝气蓬勃的有生命力的课堂。

教学过程是师生交往、共同发展的过程。把学生当成与教师具有同等价值的人，与学生平等地对话，倾听学生的智慧，倾听他们五彩缤纷的内心世界，你才能真正地走进学生的心灵。

教师的教应服务于学生的学，一切以学生为本，让学生成为课堂的主人，教师是学生学习的合作者，课堂上应少一些墨守成规，多一些不拘一格；少一些一家之言，多一些百家争鸣，为学生创建开阔的思维空间。在课堂教学中把学习的主动权交给学生，让学生可以根据自己的情况，按照自己的意愿去选择学习的内容和方式，以培养他们的创新精神和实践能力，为他们未来的生活插上双翅。

当然，课堂不是唯一的教育场所，书本也不是唯一的知识来源，教师更不是唯一的知识拥有者和权威者，我们应该有开发丰富教学资源的意识，只有深入挖掘、充分整合各种有利因素形成有效的教育资源，才能逐渐培养起学生探究源头活水的能力。

你还要记住，"凡事预则立"，没有预设的课堂是不负责任的课堂，没有生成的课堂是不精彩的课堂。李镇西老师强调预设，但又不拘泥于预设，他认为目标的"预设"与"生成"应是水乳交融、和谐共生的，他在进行目标预设时往往为生成留足了让学生质疑问难、探究尝试、拓展开放的时空，通过对话促进生成，通过捕捉促进生成，这使得他在课堂上得心应手、游刃有余。在生成中所展现的师生智慧的火花，也在预设与生成之中找到了新的平衡，而且使"生成"更加精彩，焕发出师生的生命活力。

把课堂还给学生，构建师生课堂互动的有效平台，让课堂充满生机，营造和谐对话氛围，让学生愉快学习、自由思维。依据对话对象，我们的对话可分为师生对话、生生对话，与文本对话、与生活对话、与作者对话、与自己心灵对话，就对话过程来说，有教材处理的对话、课堂提问的对话、学习方式中的对话等。对话中师生互相合作、相互学习，共同去发现、探究、生成，学生畅所欲言，你的课堂就会灵气飞扬、魅力四射。

你还要通过人文性、真实性的评价，促进学生智能发展。教育是心心相印的活动。我们对学生的一个微笑、一个眼神、一个竖起大拇指的赞许、拍拍肩膀的激励、握握手的感激，都能达到春风化雨、润物无声的功效。当然评价也要回归真实，关注课堂上学生学习的状态，给予实事求是的分析、恰如其分的描述。真实的评价并不隐瞒学生思想与语言表达上的错误与缺点，因为真正的激励应该是对事实的肯定，对精神的奖励，对行为的鼓舞，同时不摒弃批评，而是讲究批评的艺术。

朱永新老师曾说过，评价一个教师的标准不在于他教了多少年书，而在于他用心教了多少年书。既然已经选定了教师这一职业，你就应该以一颗平和的心不断提升对人待事的境界。我们在工作中应该做好两件事——学习和研究。不断充实自己的知识与精神，实实在在地静下心来与每个孩子对话，静下心来研究学问，静下心来多读几本书，静下心来总结规律，静下心来细细地品味与学生在一起的分分秒秒，品尝其中的乐趣、意义，静下心来写作。用一颗心灵去启迪另一颗心灵，用一种思想去启迪另一种思想，使生命在看似平凡的琐碎中更加丰实。以人为本，课堂就会焕发生机，你也会因此产生对完整幸福的教育生活的憧憬！

制定切实可行的教学目标

学习目标是课堂教学的出发点和归宿，是课堂教学的灵魂，它具有导向、激励、评价、调控等多种功能，新教师能否制定一个恰当的科学的教学目标，是课堂教学成败的关键。

教学目标是预期的学习结果以及预期的学习活动要达到的标准，课堂教学目标的特点是重点突出，用非常具体的行为动词来进行表述，以增强教学目标的可观察性和可测量性。规范的教学目标应该包括四个基本要素：行为主体、行为动词、行为条件、所要达到的要求。这里要特别注意，教学目标的行为主体是学生而不是教师，采用"使学生……""提高学生……""培养学生……"等表述方式都是不符合要求的。教学目标四要素中行为动词是最基本的部分，行为动词应可测、可评，具体且明确。

下面以例子说明，如何通过选择恰当的行为动词使目标具体明确。一位教师对《中国石拱桥》一课的教学目标最初是这样制定的：1.学习生字词，理解部分词语的含义；2.整体感知课文的大概内容；3.了解中国石拱桥的特征。在经过反复思考后，这位教师结合学生实际，将目标做了如下修改：1.学习生字词，能准确使用其中一些词来造句；2.熟读课文，整体感知课文内容，借助题目，概括文章内容，厘清文章思路；3.能画出文中表述中国石拱桥特征的语句，并概括其特点。下面是几个符合要求的教学目标陈述：1.在指认和书写中，学生能迅速无误地读出和写出10个生字；2.中学生至少能够举出3个具体示例，说明分数的3个基本性质；3.复述课文内容，学生的口述要涉及事情的具体时间和地点、起因、经过、结果；4.在热胀冷缩实验中，每个实验小组都要通过正确的实验操作，填写出实验报告。

在制定教学目标时，要本着一个中心的原则。新教师容易制定许多教学目标，实际上制定多个教学目标，貌似全面，却容易无法实施、无法检测，多中心就会导致无中心，目标设定一般以知识目标为基础，在此基础上兼顾能力目标与情感态度价值观。少则得，多则惑。目标的设定要简明，表述一般只用一句话，当然更要具体。目标确定要符合实际，又要在课堂教学中分步推进，在新课结束后，教师要能有效地进行检测，并获得反馈信息。

怎样选择适当的时机展示学习目标呢？你可以选择采用课前出示和课中回顾相结合的方式。目标展示可用 2 ～ 4 分钟，展示必须明确，可以在交代完学习内容后，直截了当地提出，开门见山，直奔主题，让学生了解目标后，有的放矢地引导他们学习。也可以抓住课题，在提出相关的问题之后，师生共同制定教学目标，这样既活跃了气氛，又训练了学生的思维，让他们成为学习的主人。还可以用温故知新的方式引出教学目标，或板书或口述。当然，我建议作为新教师，最好把学习目标板书于课题之后，让它在醒目的位置提醒学生参与学习，帮助你调控教学。课中回顾的方法是在新课教学中适当地回顾学习目标，强化目标意识，以起到调控教学的作用。不管用什么方法展示目标，我认为只要是能激励学生，具有指向性，让师生都明白自己在做什么的方法就是好方法。

上好第一堂课

　　初为人师，新教师肯定会非常重视第一堂课，但怎样上好第一堂课，却让新老师感到困惑。苏霍姆林斯基说："一个无任何特色的教师，他教育的学生不会有任何特色。"所以，第一节课你要展示自己的特色，你要精心构思讲什么、怎样讲。第一堂课一般可以从以下几个方面讲：介绍自己，介绍本学科的特点，设计问卷调查征求学生的意见与建议，让学生自我介绍，以便缩小师生之间的心理距离。苏霍姆林斯基还说过，教育者最可贵的品质之一就是人性，对孩子的深沉的爱，要兼有父母的亲昵的温存与睿智的严厉。所以，你要表达出对学生的爱，还要对教好本学科充满信心。

　　首先，你的衣着打扮要符合老师的身份，一进教室，全班几十双眼睛都会聚焦到你的身上，你的穿着打扮实际上对学生也是一种教育。你的打扮要朴素、自然、大方，要体现出一种和谐的美。作为新老师，介绍自己是必要的，你一定要提前进入教室，以一种阳光上进的姿态出现在学生的面前，你可以利用谐音介绍自己，如我在介绍自己的时候，我一般会对学生说："我姓潘，但我更喜欢攀，你们知道为什么吗？"学生七嘴八舌地说开了之后，我再接过学生的话说："是啊，只有勇攀高峰的人，才能有"会当凌绝顶，一览众山小"的气概，我希望与你们一同攀登。"这样说能够拉近师生间的距离，我又接着说："我名玉婷，玉婷二字源自《爱莲说》……"当我声情并茂地把文章背出来后，学生的眼睛里流露出了崇敬，我继续接着说："让我们像莲花一样亭亭净植，不蔓不枝，香远益清，做一个品格高尚的人。"上课时，你要面带微笑，讲话要幽默风趣，这样才能迅速缩短教师与学生的距离，使课堂气氛活跃起来，这对调动学生的学习积极性也是十分有利的；你应当善用眼神与学生进行思想和感情的交流，这种无声的语言可以达到意想不到的效果。你的表现应当是精力充沛、情绪乐观、充满激情的，你的感情应当和讲课的内容保持一致，和上课的情景保持一致。经常用自己的感情来感染学生、激励学生，可以达到预料之外的效果。要善于发现并抓住学生的闪光点加以表扬，表扬要真诚有感情。特别要学会在发现了班上的问题后，选择正面的闪光点，进行有针对性的表扬，坚持正面教育。比如，发现有不专心听讲的，就表扬专心听讲的学生；发现学生举手不积极，就大力表扬主动举手的学生。你要允许学生说错话、说真话，让学生把他的经验、最个性化的东西充分地表达出来，让他打开心窗，这样你的教学才能真正走进孩子的心里。你和学生应该是同事、伙伴、协作者的关系，营造一个宽松、自由、民主的氛围，学生在你的课堂上才敢想、敢说、愿意想、愿意说，这样坚持下去，师生关系必然会越来越融洽，学生学习的积极性也会越来越高。

你在课前、课上和课后的全部行为，都在告诉学生应当如何做人做事，老师客观上就是学生学习的榜样。因此，你必须从第一堂课开始做起，处处严格要求自己，要以身作则。比如，按时上课和下课，作业批改及时，耐心辅导学生等。学生从你的身上看到了你对工作的热忱和对学生的热爱，能迅速提高你在学生心目中的威信，增加你上课时的魅力。

"不以规矩，不能成方圆。"因此，从第一堂课开始，你的课堂就要有规范、有纪律，但规范和纪律最核心的理念就是自由，这种自由是在解放学生的心理和头脑。你要注意培养学生良好的上课习惯。比如，老师一开口讲话，全班必须立刻安静下来，不允许老师在上面讲学生在下面说的现象出现。你不要因为违纪人少不影响上课就姑息迁就，一定要抓住苗头，严格要求。第一堂课严，堂堂课严，好习惯就会慢慢养成。但你不可过于严厉，要用亲切、生动、风趣的语言表示。面对违纪现象也要有严肃的一面，做到爱憎分明。例如，可以用突然停顿下来或者无声地注视的方式以提醒违纪学生，制止违纪行为，做到"此时无声胜有声"。

下课后别急着离开教室，在教室里待一会儿，态度要亲切和蔼。这时你可能会被学生包围，一般的情况是课讲得越成功，下课围着老师的学生就越多，这可以反映出学生对你的喜欢程度。这时老师应当主动征求学生对上课的意见，耐心地倾听，认真地解答学生的问题，对学生提出的表扬或者意见都要表示感谢。下课后，如果老师留在教室里，学生都不理睬老师，你就应当好好反思一下了：是课没上好？是对学生太厉害了？……并在反思后迅速调整改进。

上完第一堂课后，应当把自己实践后的感受以及学生的反应，及时记录下来。从此以后，要做到堂堂课做课后笔记。课后笔记主要记录以下内容：上课的成功得意之处；课上发生的自己没有预料到的情况，自己是如何应对处理的，并对自己的处理方式进行分析；上课出现的顿悟、思想火花；自己发现的自身的不足或学生提出的意见，思考出的解决办法。

精心地备好每一堂课

备课是教师在课堂教学之前进行的设计准备工作。它是课堂教学的起点和基础，课堂教学作为教学过程的重要环节，具有很强的科学性与连续性。因此必须做好充分的准备。从某种意义上说，课堂教学的质量取决于备课的质量。假若没有备课或者课没有备好，课堂教学就会成为教师的随意行动，其效果与效率也就得不到根本的保证。

在备课时一定要树立兴趣比分数重要、方法比知识重要、会学比学会重要的思想。每每走进教室，你念念不忘的应该是为兴趣而教、为方法而教、为会学而教，知识仅仅是载体，教师不应以传授知识为目的，而是要以激发学生的问题意识为目的，特别是要培养学生自己解决问题的能力。

著名教师于永正说："不备课，或者备得不充分，我是不敢进课堂的。"精心备课，能使我们收获课堂的精彩。设计课堂，就是设计人生。

备课不仅要备教材写教案，还要备学生、备教法、备学法。

教材是教学的依据与根本，你在上课之前必须吃透教材，切忌照本宣科。作为新老师你一定要独立钻研文本，凭借你的认知结构、生活经历研读教材，你还应该把自己放在学生的角度进入教材，依照学生的认知结构去估计学生可能遭遇的各种问题，以确定课堂教学的重难点，提出具体的解决措施，设计合理科学的教学方案。当然，作为新老师也要用好教学参考书，把它作为自己备课的借鉴材料，但切忌生搬硬套，人云亦云。你要博览群书，做一个学识渊博的人，对教参要消化吸收，创新运用，要及时关注教学的最新动态，使自己的教学理念不落后。

对于每一节课，都需在教法上多动脑筋，以求达到最佳教学效果。如何设计学生课堂展示环节、如何实现学生自主学习、如何培养学生自学能力等都需要教师课前精心策划。窦桂梅老师为一节课九易其稿，苏霍姆林斯基为教授"植物的根"苦思如何让学生对新知感到好奇，华应龙老师教授"角的认识与度量"一节找到"玩滑梯"这个小学生感兴趣的切入点，黄爱华老师教授"万以内数的大小比较"则以游戏贯穿课堂……这些都是经过深入研究才获得的经验。教学上我们不能年复一年地走老路、无激情、缺创新，你要想让自己的教学生活有更多的感动，你要想收获成长的乐趣，就得精心设计教法。你还应该熟悉一些教法，如讲授法、讨论法、情景教学法、尝试教学法等，当然，教法的使用与你所教的学科与课型也密切相关，你一定要因材而定。

上课的对象是学生，因此你还要了解学生，了解你所教班级的情况，班级风貌、学习状况、班级学生对你教学所持的态度，学生想不想学你的课、愉不愉快。你还要了解班级每位学生的特点，了解各个层次学生的学习情况。你还要重视学生的学，认真研究学法，让学生学会、会学、爱学。常规的学法要教给学生，如让学生明确预习、听课、复习、作业、总结的方法，方法要具体，可操作性强，不要强制灌输，要循序渐进，可以采用多种形式指导学生，可以在课堂上随时渗透，可以开设学法指导课，也可以组织学生讨论交流自己认为好的学法。

超前备课很有必要，这样你才能有尽可能多的时间收集到有关的教育教学信息。把生活与备课相连接，在生活中积累资料。单元备课、教案提前写一两个课时等都是超前备课的常用形式。你拿到教材后还要依据课程标准对整册书进行研究，制定学期教学进度表，然后进行单元备课，拟订单元计划，再进行课时备课，上课前一定要对教案了然于心，不要按部就班地依据教案上课。新老师针对教材多次备课是必要的，这样能促使你快速成长。

写教案对于新教师是必需的，它能使你的教学思路条理化、教学策略明晰化、教学信息资料化，可以这样说，教案是你教学策略、所搜教学信息、教学思想的记载，是自己的"文献资料"，如果丢失了这个环节，无疑是可惜的。写教案不要太过形式化，拣自己认为有价值的东西去写，比如自己对教材的重点难点、思想内容等方面的理解，自己设计的精彩的情境，自己发现的一个妙解，某个环节的新教法等。自己所熟悉的教程则可以粗线条提纲式地写出，不需要花太多的时间和精力去详写。写教案，追求一个实在，你只有把功夫下在课前，在教材教法上狠下功夫，才能提高课堂教学效益，才有助于发展你的教学个性。

教案编写一般包括课题、教学目的、课型、课时、教学重点与难点、教学程序、作业处理、板书设计、教具准备等。

总之，备课是你对教材进行再创造的过程，它是理智与情感滤化后的结晶，是一种转化、一种升华、一种超越。新教师只有注重在备课的深度与广度等方面进行深入钻研、领悟，才能避免照本宣科。当你把教育教学当成自己的乐趣，当你把课堂当成自己的舞台，当你把业务的成长作为自己人生的一大快乐时，你便会热衷于精心备课，并以教案的形式记载下来，作为自己成长的足迹，你也会因此而享受到教学的乐趣。

怎样调动学生的课堂情绪

如果你善于调动学生的课堂情绪，那么你就能在课堂教学给学生带来愉快的情绪体验，使学生能兴致勃勃地学习，得到精神上的满足，所以，我们可以采取什么方法去调动学生的情绪呢？

爱因斯坦说过，教育应当使所提供的东西，被学生作为一种宝贵的礼物来领受，而不是被作为一种艰苦的任务去负担。变任务为礼物可以让学生在课堂上保持高涨的情绪，使学生成为课堂的主人。

在课堂教学中，要抓住一切时机，激励学生的自信心，使他们情绪高昂、信心百倍，你要以自己的言行表现出对工作的自信与热爱，并让这种情绪影响学生。在教学中，你富有哲理的幽默，能深深地吸引和感染学生，使自己教得轻松、学生学得愉快。

教学生动风趣，不仅能活跃课堂气氛，而且能加深学生对知识的记忆。教态自然的教师，走进课堂时应满脸笑容，讲课时每字每句都要展现出对学生的期望。大多数学生的进步都是从你的期望中产生的。富有情感色彩的课堂教学，能激起学生相应的情感体验，能增强他们的理智感，能激发他们的求知欲，使他们更好地感受和理解教材。你授课时的语言、声调、动作要富有感染力。准确的措辞、生动的语言、形象的描绘、柔和的声调、富有表现力的动作表情融为一体，可使学生在 40 分钟内不仅学到知识，而且收获一种美的享受。

寓夸奖于评价中。在教学中还要关注到每一位学生，每个人都有一种自我实现、获取承认、取得成功的愿望和需要。成功时，人们会情绪高昂、兴趣倍增；多次努力仍然失败时，人们就会产生畏难情绪，影响积极性。多数学生属于"表现型"而非"学习型"。所以你要特别注意"后进生"，要想方设法增强他们的参与意识，或要他们回答一些较容易的问题，稍有进步就充分肯定。鼓励鞭策学生，不一定是以谈话形式进行，可以在课堂上学生做题时，走到他们身边说一句简短的鼓励的话，例如"你今天状态很好，请继续保持"，也可以是在走廊或其他地方遇见时，面带微笑地对他说这些话。总之就是让他知道，你在关注他。我们强调对学生的赏识、鼓励，但不是一味给予表扬。正如一味地惩罚并不可取一样，一味地夸奖学生同样弊大于利。过多的随意性夸奖可能会导致学生形成浅尝辄止和随意应付的学习态度，起不到鼓励作用。对于学习自觉、努力的孩子应更多地从增强其学习兴趣、好奇心、自尊心、上进心、责任心、荣誉感等方面去推动孩子的学习；对于学习动机不足的孩子，可以适当利用奖励激发他的学习动机。但是当孩子有了努力学习的愿望或势头时，应及时地将外部鼓励转移到内在激励。

给学生创造一个成功的机会，是营造学习氛围的一种有效方法。在教学中，如果你能根据学生的学习情况，设计出一些学生经过一定的努力便能解决的问题让学生自己去解决，在他们遇到困难时，再给予适当的帮助，当学生解决了面临的问题后，便能获得成功的满足。在实际教学中要时时刻刻抓住学生的成功处给予适时鼓励，如巧妙地运用语言激励，这样会使全班兴趣高昂，切忌给学生反复失败的刺激，这样才可使兴趣持久。

善于设置悬念和有技巧的提问，能很好地激发学生的学习兴趣。在教学中，如果我们能够不断地制造悬念，使学生对新知识产生一种急于探求的心情，那么就会引起学生对新知识的兴趣，让他们从旁观者、被动的接受者变成能积极主动地参与教学过程的主体。那么如何把那些平淡的、抽象的问题通过教师的构建变成一个个能使学生睁大眼睛、闪耀着智慧的火花呢？这就需要教师精心设计问题的情境，来激发学生的学习兴趣。例如在引入"惯性"前，教师设计了这样一个问题情境来制造悬念：我手中拿着一个矿泉水瓶，如果我一边向前走一边竖直往上抛出瓶子，瓶子将落在我手中还是身前或身后？许多学生猜想瓶子将落在身后。于是老师现场演示，还请一位学生跟在他身后做好接瓶子的准备。这样的设计立即激发了学生的求知欲。

爱因斯坦说过，提出一个问题往往比解决一个问题更重要。创设问题情境，让学生主动提问，能很好地激发学生的学习兴趣。创设的问题情境，要具备激励、启发、点拨、反馈的功能，设计的问题要能引起学生强烈的关注，让学生感受到情境中的问题，并产生探究和解决问题的冲动。青少年活泼好动，对什么都充满好奇心，你在课堂上应树立"言者无畏"的意识。不管学生所提问题是正确的还是错误的，是幼稚的还是较有深度的，新教师都要以积极的态度去倾听，多鼓励、少责难，让学生能主动提出问题，培养学生的独立性与自主精神，使他们的创造思维得到充分的发挥。

新教师如果善于调动学生的课堂情绪，就能给学生带来愉快的情绪体验，使他们在学习生活中增强克服困难的信心，感受到无穷的乐趣，得到精神上的享受。

机智化解课堂的突发事件

在实际的课堂教学中新教师经常会遇到一些意想不到的事情，处理这类突发事件，不同的老师有着不同的处理方法。巧妙科学地处理突发事件，才能保护学生的自尊与自信。

当课堂教学超出原来的设想，突然出现意料不到的情况，且影响到正常的教学时，你应该以变应变。例如，上海著名特级教师于漪老师上课时，几只蝴蝶飞进了教室，吸引了同学们的注意力。于漪老师是这样处理的：她首先让学生把蝴蝶赶走，然后让学生以蝴蝶飞进教室为题打一词牌名，正当同学们苦思冥想不得其解时，于漪老师给出了答案："'蝶恋花'啊，因为你们都是祖国的花朵！"在同学们会意的笑声中，于漪老师又开始了她的讲课。你也可以把课堂教学中的偶发事件巧妙地融进自己的教学之中，利用课堂教学中出现的意外情况，借题发挥"大做文章"。你还可以采取淡化的方法，暂时"搁置"起来，或是稍作处理，留待以后再从容处理。这种方法多用在学生与学生之间、学生与老师之间发生了争执对立，或课堂教学中个别学生引起了一些较严重的违纪事件时。因为发生偶发事件后，学生多半头脑发热，情绪不稳，很难心平气和地接受教育，有时甚至还会产生严重的逆反情绪，使局面难以收拾，而新老师易冲动，缺乏充分的心理准备和冷静分析的能力，如果贸然进行"热处理"，难免发生失误或难以取得最佳的教育效果。所以，请你记住：善于自制，才能使自己冷静下来，进而采取恰当的引导方式。爱心感化法：偶发事件经常发生在一些"后进生"身上，他们自尊心强，同时自卑心理也较重，他们十分渴望得到老师的信任和尊重，即使有了差错，也希望得到原谅。作为教师，应坚信每个学生都是可以教育好的。在处理偶发事件时，注意把严肃、善意的批评与信任、鼓励结合起来，把"尽量多地要求"与"尽可能多地尊重"结合起来，切不可感情用事，用训斥加批评甚至是体罚或变相体罚等方法简单粗暴地处理，以免激起师生之间的矛盾，造成师生之间对立情绪的扩大。这正如苏霍姆林斯基所说："教育，首先是关怀备至地、深思熟虑地、小心翼翼地触及年轻的心灵。"在这里，谁更有耐心，谁就能获得成功。巧给台阶法：课堂上，对于那些好出风头或恶作剧的学生，在对他们进行批评教育时，要注意给他们台阶下，千万不能闹对立，避免把矛盾扩大。对偶尔犯错误的同学更应如此。巧妙暗示法、个别提醒法、重点提问法、幽默调侃法，这些方法多用在那些上课精力不集中、思想开小差而导致分心的学生身上。当这种情况发生时，你可以视情况用语言、眼神、手势等做暗示。如果暗示不起作用，你可以换用个别提醒法，边讲课边走到该生身边，或亲切地摸摸他的头，或轻轻地敲敲他的书本和课桌。如果以上两种方法都不见效，还可以尝试重点提问法，通过个别提问，强迫他把注意力转移过来。德国著名演讲家海茵兹·雷曼麦说："用幽默的方式说出严肃的真理，比直截了当地提出更能让人接受。"所以，在课堂上适度地进行幽默调侃，也是唤起学生注意，避免学生分心型偶发事件发生的有效方法。如发现学生打瞌睡，你可以化用诗句："春风吹得书生醉，莫把课堂当睡堂。"再如对于个别开小差的学生，可随即说道："唯物辩证法告诉我们，任何事物都是一分为二的，但唯有一心不可二用，上课时一定要集中精力。"停顿休整法：当学生精神疲劳，将要发生分心情况时，你可暂时停止上课，让学生闭目养神休息几分钟，做做小游戏，唱上一支歌，讲个幽默风趣的小故事……待学生精力恢复、注意力集中时再讲课，这样课堂上效率将会大大提高。课堂应变的方法很多，这里不再一一举例。课堂上只要我们根据不同的情况，因势利导，见机行事，采取相应的应变方法，就能够取得良好的效果。

处理学生偶发事件要注意"十忌"。学生中相当数量的违纪偶发事件发生在"后进生"身上。有的是无意识的开玩笑所致；有的是有意识的搬弄是非、扩大矛盾，产生纠纷。面对这些"老面孔"，切不可不分青红皂白地乱下结论，乱加批评，要努力克服自己对"后进生"的"偏见"。在处理过程中，要避免对某些同学的庇护。比如对表现一贯较好的好学生，成绩优良的尖子生，班、团干部及教师、亲朋好友的子女，必须实事求是，客观公正，避免对他们的庇护，努力做到事实面前人人平等。处理学生偶发事件必须重调查研究，克服主观片面性。新教师切不可根据某些学生的只言片语和自己的主观想象处理问题，以致做出错误的处理决定。学生中的偶发事件，有时是十分复杂的。尤其是在高年级学生中，参与的人多，拖延的时间长，涉及面广。有的学生思想复杂，个性特殊，觉悟较低，这就需要你根据实际情况进行"冷处理"，或集中多方力量进行"综合处理"。急躁是无济于事的。帮助学生正确处理已经发生的偶发事件是你的职责，务必克服粗暴、简单、敷衍了事的态度。要借助处理过程，寻找最佳教育机会。一边帮助他们妥善处理，一边引导他们从中吸取教训，让事件的处理过程成为对"后进生"帮助教育的过程。有时，处理某一事件需耗费大量精力，但不论什么情况，对学生中的偶发事件，新教师都切不可持冷淡态度，更不可漠不关心、听之任之。要爱护关心学生，帮助教育他们避免出现违纪的行为，杜绝偶发事件发生。有的教师对学生中发生的重大偶发事件很不冷静，甚至大发雷霆，出现侮辱学生的语言和行为，有的甚至面对学生家长出言不逊。这些言行都无助于事件的处理和对学生的教育。处理学生中的违纪现象，需要教师具备高尚的道德修养和耐心细致的作风，切不可对学生进行讽刺、挖苦、打击，否则只会导致师生感情的破裂，造成学生心灵的创伤。学生中偶发事件的发生，也是一种正常现象，你的主要任务是对学生加强思想教育，帮助他们提高素质。各种"处罚"是不容许的。无论是肉体上的罚站、罚跪，还是学习上的罚写、罚背，抑或是经济上的罚缴、罚赔，都是不可取的。在处理过程中，出现难度大、无进展的情况时，切不可随便地采取"停课检查"、要家长把学生带回家整治的办法。可以争取学校领导和学生家长的共同配合，耐心做好疏导、说服工作，从思想上帮助学生提高认识。"停课"的作用并不显著，我们不可提倡这样简单粗暴的做法。

总之，在处理偶发事件时，年轻的你要沉着冷静、不急不躁、善于具体问题具体分析，先把偶发事件的影响控制在最小范围和最短时间内，充分认识和控制偶发事件中包含的积极因素，化消极因素为积极因素，把偶发事件变成磨炼学生品质、激发学生情趣、教育多数学生的一次机会，注意态度严肃而温和，切忌遇事怒火中烧、粗暴对待，要巧妙地运用教学机智妥善加以处理。总之，面对课堂偶发事件，要本着细心观察、预防为主、满怀爱心、教学育人、沉着冷静、果断谨慎、宽严相宜、掌握分寸的原则。

开展有效的小组合作学习

课堂教学的改革，无论哪一种方式，最根本的都是要引导学生积极主动参与学习过程，学会学习。作为新教师你应该为学生提供更多的获取信息，利用信息解决问题的机会，使学生真正成为学习的主体。你可以把不同层次的学生组合在一个个的小组内，让学生在你的指导下展开活动，完成教学目标。在课堂教学中怎样实施"合作学习"呢？你可以根据学生的学习能力、态度和成绩将一个班的学生分为四个不同的层次，即 A、B、C、D 四层，A、B 较好，C、D 较差，分层完成后，根据教学交往（教师与学生、学生与教师、学生与学生）存在的多层面性，在班里划分出若干的四人组，组里四人结为两对，一个小组内优差搭配，两好两差，建立以班组对四人结合为主体的教学网络，班、组、对三级管理，优化每块学习小环境。要求做到组里能独立地有效地开展活动，上课和组对活动出现违纪现象时有人干预，作业中出差错能相互帮助纠正。分组时，你应充分掌握每位学生的特点，做到对人人都心中有数，同时，要做好学生的思想工作，这不是一个单纯的安排问题、方法问题，而是要做细致的思想工作，尤其要解决几个影响大的问题，如"接受同学的帮助是否贬低了自己""帮助他人是否耽误了自己"。每堂课上课前，同学们按所分好的小组，前后两桌坐好，由小组长检查准备工作是否做好。你可以通过导学稿中的预习部分指导学生自学，这种预习任务明确，针对性强，在课上进行，时间有保证。你还可以要求大家动笔在导学稿上独立完成预习作业，做好书间笔记以回答问题，做书间笔记主要是指在书上"勾、圈、点、画"重点和写简要的提纲等。个人的"读""做"结束后，四人小组中前排两位同学转过身来，四人相对而坐，针对老师提出的问题，根据自己读书所获展开讨论，互相督促，每人都必须发言，通常是由本组内成绩较差的先发言，做到问题个个落实。你在这个时候要巡视课堂，通过参与小组讨论、个别答疑、个别询问等方式来了解情况，清楚每个层次的同学达到了怎样的程度，有哪些不足。小组讨论时，每位同学都通过倾听别人的发言来修正自己的笔记；学生讨论结束后，你可以根据了解的情况，针对疑难问题或大家有分歧争论的问题展开精讲，以指导学生改正错误。如疑难和分歧的问题不多，就采取以小组为单位轮流发言或抢答的形式来解决问题，老师适时点评，使各小组能互相比较各自的得失。

课堂练习也可通过学生先各自独立完成,然后在小组内展开讨论,再通过老师的个别指点与课堂讲解达到统一。接着小组内交换课堂练习,互相改错,改完后把练习交回同学手里,要求他立即改正错误的地方,最后由小组长检查是否完成,签上自己的名字。采取以小组为单位进行抽查的办法可检查个体学生是否完成,该小组是否认真互改、互查,小组长是否认真负责。

各小组要绘制"合作学习记录表"。它能够反映学习上四人结对组成员互相督促、互相帮助、共同完成学习任务的过程,各小组还要绘制"学习成绩曲线图",它是根据"合作学习记录表"上所反映的每周的成绩,由学生本人将成绩绘制成曲线,以直观地反映该生在一段时间内的学习波动情况,据此达到"发展好生,转化'后进生'"的目的。

采取多种形式,促进"合作学习"的优化,建立奖罚制度,激励小组间竞争。课堂上,小组内解决问题、完成练习的质量如何,都应进行评比,凡是完成得好的小组就给予加分的奖励,凡是在经过自改与四人小组互改后还有错误的就要扣分。每周按各小组的得分多少,评出课堂学习活动优秀小组,给予奖励。由于评价机制不再是针对个人而是小组这个集体,从而促进了组内同学间的互相帮助与合作,优生帮"学困生","学困生"不甘人后,出现了一个人人当学生、个个做先生、好学乐教、学教相长的新局面。对每次合作中纪律好、参与度高、分工合理、有创新的组及个人要进行表扬、加分，评出"最佳合作小组奖""最佳创新小组奖""最佳组员奖"等，为合作学习步入成功注入新的催化剂。

通过学生组内评价、组间评价与教师导评的多元评价，让每一个学生不断获得成功的喜悦，进一步增强合作意识，更加热爱合作，并在合作中得到积极主动的发展，使小组合作成为真正意义上的情感合作和有效合作。

你还要注意课内外延伸，强化小组活动。你可以专门开展一些有益的活动。如把每节课的前两分钟，用来让同学自己演说课外所掌握的知识，以小组为单位轮流进行，要求每个小组课外准备，选派代表上台发言。同学们为了集体的荣誉，课外积极翻阅报纸、杂志，收集有益的资料，留意经济动态、社会文化发展，细心琢磨，主动交流。慢慢地他们将培养起主动吸取和分析信息资料的能力，并学会关注社会、关注人类。以小组为单位进行社会实践、社会调查活动，把生活引进课堂，将课堂与社会相适，让学生通过课堂认识社会，感受人生，发展自我。

采取"小组合作学习"的方式进行教学，传统班级授课制的局限性得到了改善，课堂教学交往的多层面性也就出现了。在这样的基础上师生交流的渠道得以拓宽，生生互动的局面得以实现，课堂不再是老师一人的天下，学生的主体地位得到了落实。通过小组内的学习活动，同学们逐渐掌握学习的方法，学会学习，这是最大的收获。学生每堂课都能以饱满的激情，全神贯注地投入。学生的集体荣誉感、团结合作、关心、帮助他人的精神也能够慢慢地培养起来。当然，有效的小组合作学习应该按照"宁缺毋滥"的方针进行，不要求形式的热闹。

把预习内化为学生的一种自觉行为

有些学生上课非常专心，又是听讲，又是记录，忙个不停，可是学习效果并不理想。这是为什么呢？这是因为他们有许多"拦路虎"没有在课前扫除，课上只顾得上听和记，没有时间消化，导致了课堂学习效率低下。讲台成了老师的个人"演唱会"，老师们眉飞色舞，学生却只是看客，激动有余，参与不足，缺少交流互动，最终令老师劳而无功，如果让学生课前充分做好预习，情况就不一样了。你要让学生明确预习就是预先准备的自我学习，预习的真正目的，是要找出知识困惑，以便将来在课堂学习时有的放矢。因此，预习更重要的是把问题找出来，写在笔记本或书上，等到上课时，再与老师所讲的内容进行对照，从而提高学习效率。

课前预习的好处有很多，因为预习要自己独立地学习新知识和思考，经过长时期的实践训练，学生能够加快阅读的速度，提高学生思维的敏捷性，所以它是培养学生自学能力的重要措施。预习还像"侦察兵"，能让学生提前发现自己知识上的缺陷，并及时查漏补缺，加强新旧知识融会贯通的能力。学生预习后带着不懂的问题听课，目的明确，态度积极，针对性强，注意力容易集中，并能随时做出积极的反应，不仅课上容易跟上老师的思路，而且在老师讲到自己已经懂得的那部分知识时，还可以把自己的思路和老师的思路进行比较，以取长补短，提高思维能力。

那么，新教师怎样给学生布置预习任务呢？你可以让学生初步理解新教材的基本内容和思路；复习、巩固和补习有关的旧知识；找出教材中自己不理解的问题；尝试做课后练习；适当做预习笔记，做笔记要看时间而定，如果预习时间有限，可以把对教材内容的认识、收获或疑点、难点简要地写在书的空白处。如果预习时间充分，可以选重点记在笔记本上。笔记的主要内容是：将预习中自己已经理解的问题有条理地写下来；将预习中自己无法解决的疑点、难点整理出来，以便向同学、老师请教；记下在预习中自己对教材的重点的预测和估计。做预习笔记可以使学生对新知识的认识更深刻更全面，甚至有独到发现。做笔记时要注意选择重点学科做预习笔记，笔记本上可适当留些空白处，以便上课时随时补上老师讲的重要内容。

你还要让学生明确预习的种类：预习从时间和内容范围上来划分，大致可以分为三类。1.学期预习：开学前，利用假期对下一学期的学习内容进行全面系统的了解，做到心中有数，并联系以往的经验教训，摸清自己的特点，采取相应措施，制订学期学习计划。学期预习的做法一般为全册预习，从整体上了解和熟悉全册教材的主要内容和特点。首先，通读教材，清楚教材的章节数、章节题目和分量；然后明确教材的目的、任务、要求、重点和难点等，从客观上把握教材；同时做好预习笔记，搜集参考用书，试做有关练习，制订相应的学习计划。2. 阶段预习：在某一阶段的学习之前用比较完整的时间预习，从整体上了解学习内容，明确阶段学习的目标和重点，思考学习的方法。阶段预习一般利用晚上的自由学习时间和节假日（包括双休日）进行。阶段预习的做法一般为单元预习。如果对某科已进行了全册预习，则可在完成了全册预习的基础上，进一步深入系统地熟悉教材单元内容，明确单元目标和任务，探索单元间的相互联系，消化理解重点知识，通过试做课后习题巩固预习效果，做好单元预习笔记。3. 课前预习：指在老师讲课前预习下一节课的内容。自己去独立地阅读新课的内容，做到初步了解，并做好学习新知识的准备工作。

教师可以教给学生预习的做法和方法：要"读进去"——细读、深思，发现问题、提出疑点。手脑并用，阅读与画、批、写、注相结合。画——画出层次，找出重点画疑点；批——眉批，把自己的体会、看法写在旁边；写——将自己无法解决的难点、疑点写成内容提要、学习心得、解题规律；注——在教材上将疑难处（造成阅读、理解障碍的地方）用明显的记号标出来。预习后想一想：下节课老师要讲什么（即学什么），自己是否懂；相联系的旧知识是什么，自己是否掌握；还有什么不懂的问题需要上课时重点解决；要准备什么资料、文具。预习要有重点。比如数学课本的素材一般分为四个层次：直观素材（即生产、生活中的一些实例）—数学概念—结论（公式、定理、性质、法则等）—应用举例。预习重点应放在第二、三层次，着重理解数学概念的发生和表述，认真掌握结论的推导、证明，切实把基础知识弄懂搞通。预习要有层次。阅读教材分为粗读、精读、研读三个层次。粗读就是从整体上弄懂这段教材讲什么；精读是针对教材的重点、难点弄清原理；研读是带有研讨性质地读书。在通览教材的总体内容后再精读，充分发挥自己的自学能力，厘清哪些内容已经了解，哪些内容有疑问或是看不明白（即找重点、难点），分别标出并记下来。这样既提高了自学能力，又为听课"铺"平了道路，形成期待老师解析的心理定式；这种需求心理定式必将调动起学生的学习热情和高度集中的注意力。比如我在语文教学中这样来设计预习：让学生掌握语文预习的方法步骤。语文课的预习方法分常规预习和重点预习两种。所谓常规预习，即学生上课前，都必须解决基础知识方面的问题。其内容可概括为读、画、查、议、列。读：学生自读，基本达到熟练、连贯，对课文内容有一个整体印象。画：在阅读中把自己不理解、理解不透彻的字、词、句、段画出来。查：查阅工具书和有关资料，将画出的疑点结合课文尝试解答。议：四人一个学习小组，组织起来，由组长主持共同讨论预习中出现的问题。列：将两次预习中无法彻底解决的字、词、句、段、篇方面的疑点罗列出来。这些是要求学生每节课前必须预习的，不必让老师布置。老师只是在必要时进行检查测试，了解学生掌握解决新知识和新问题的情况。重点预习分为：初读，让学生读课题、课前导语，标好自然段，把不懂或不会读的字词画上记号，并查工具书，难解的句子要勾画出来，了解内容梗概。第二遍细读，思考文章的思想感情，品析文中自己喜欢的语句、段落。第三遍阅读可参照课后练习质疑探究，品味鉴赏，提三个以上的问题，并尝试解答。

预习应注意的问题：预习不要全面铺开。预习的时间要根据学习计划可以提供多少实际时间来安排。不要因为过多地抓预习而打乱了学习计划。如果时间很紧，可以让学生大概看一遍下节课要讲的内容，几分钟就可以了。如果学生学习已经比较主动，能抽出较多时间，预习内容则可以多一些，钻得可以深一些。预习不一定强求学生把所有问题都弄懂才罢休，留些问题等到课堂上听老师讲，也是正常的。

我认为精心设计预习，使预习真正内化为学生的自觉行为，才会让预习"百花齐放"，课堂上才会出现"百家争鸣"的局面。

重视听课与评课

听课与评课是教学常规的重要组成部分，也是教师业务上相互交流、相互学习的重要途径。听课教师通过科学地分析授课的水平，给予授课教师正确的评价，学习其优点，对自己业务水平的提高、教学思想的完善、教学特色的形成都起着重要的作用。

作为新教师的你应重点听教师在课堂上是如何用"星星之火"点亮课堂的，你在听课时要重点关注学生是否在教师的引导下积极参与到学习活动中，在学习活动中学生有怎样的情绪反应，是静坐呆听还是情绪饱满，学生是否乐于参与思考、讨论、争辩、动手操作，学生是否积极主动地提出问题，学生的学习习惯是否养成，等等。

在听课的过程中，你应该带着"较劲"的心态：这类课文、这种题型、这个环节，若是由我来上，我会怎样上？我会怎样处理？……但较劲不是挑刺，通过"较劲"式的听课，才能从中发现自己的不足，发现对方的独特之处。说实在的，一堂课听下来，只要发现哪怕是一个小小的亮点，使你有所感动，就是一个大大的收获。有悟性的教师，能"悟"出其中的门道，通过消化吸收，取他人之长为己所用，补己之短，融会贯通，就像蜜蜂一样，采得百花来酿蜜，久而久之，就能形成自己的教学风格。

当然，听课要有效果也应讲究一定的步骤，你要想通过听课真正学到点东西，就必须做一个听课的有心人。要有心，听课就要做点准备工作。打算听谁的课，应该事先问问他教什么内容，把课本找来预习一下，看看课文写的是什么，是怎样写的，有没有难点、疑点。

听课中你还要认真观察和记录。听课时注意力要高度集中，全身心地投入，要有虚怀若谷的态度。在课堂上不仅要听，还要看，要仔细捕捉讲课者的语言和表情，记下他们的每个教学环节和教学方法。要一边听，一边观察思考。既要看教，又要看学，二者兼顾。看教者对教材的钻研，重点的处理，难点的突破，教法学法的设计，教学基本功的展示。看学生的学，要看学生的课堂表现，看学生参与的情绪，学习的习惯。有时你听课也不一定非要面面俱到地注意课堂上的每个方面。根据授课者的特点和听课者的目的，可以适当地有所侧重，一般来说，对熟悉的教师，由于对其班级情况有所了解，可着重就其课堂上对学生学习习惯的培养做跟踪式的动态分析；对一般的研究课，就着重看其在研究方向上的达成度；对于名家的课，宜着重领略其教学风格及其相应的学术思想在课堂上的体现。听课应详尽记录课堂的教学过程，随时记下自己的主观感受和零星评析。

听完课后不能一听了之。你要思考和整理，对课堂实况进行反复的琢磨。思考的办法有很多；或翻翻听课记录；或与执教者交谈，这种方式最值得新教师借鉴，因为个别交谈容易营造宽松和谐的交流气氛，容易使双方敞开心扉，比较深入地探讨问题；或写一篇"听课一得"。每个教师在长期教学活动中都可能形成自己独特的教学风格，不同的教师会有不同的教法。你要善于进行比较、研究，准确地评价各种教学方法的长处和短处，并结合自己的教学实际，认真思索筛选，消化吸收他人有益的经验，并发展创新改进自己的教学方式。在分析他人授课时，还要注意分析执教者课外的功夫，看老师的教学基本功和课前备课情况。这种思考对你也会有很大的帮助。听课记录包括听课的年月日、学科、班级、执教者、课题、课时。教学流程的记录包括教学环节、教学内容和教学方法。各个教学环节的时间安排、学生活动情况、教学效果也要有所记录。记录的形式可以采用简录或详录手记。

你听完课该怎样评课呢？苏霍姆林斯基曾说过，系统地分析课之所以必要，是因为通过它能看出和理解各种教育现象的实质及因果关系。所以，你应该重视对一节课的综合分析。一般情况下你可以从教学目标的制定来分析，要看目标的制定得是否全面、具体、适宜。从处理教材上分析，要看教师知识教授得是否准确科学，更要注意分析教师教材处理和教法选择上是否突出了重点，突破了难点，抓住了关键。从教学程序来做出评析：一是要看教学思路设计符不符合教学内容实际，符不符合学生实际；二是要看教学思路的设计是不是有一定的独创性，给学生以新鲜的感受；三是要看教学思路的层次、脉络是不是清晰；四是要看教师在课堂上教学思路实际运作的效果；五是要看课堂结构安排，通常一节好课是结构严谨、环环相扣、过渡自然、时间分配合理、密度适中、效率高的。通过计算授课者的教学时间设计，能较好地了解授课者的授课重点、结构安排。计算教学环节的时间分配，要看教学环节时间分配和衔接是否恰当。看有无前松后紧（前面时间安排多，内容松散；后面时间少，内容密度大）或前紧后松现象（前面时间短，教学密度大；后面时间多，内容松散），看讲与练的时间搭配是否合理等。看整堂课是否与教学目的和要求一致，有无教师占用时间过多、学生活动时间过少现象。看学生个人活动、小组活动和全班活动时间分配是否合理，有无集体活动过多，学生个人自学、独立思考、独立完成作业时间太少等现象。看不同层次的学生的活动时间分配是否合理，有无成绩好的学生占用时间过多，成绩差一点的学生占用时间太少的现象。看教师在课堂上有无脱离教学内容、做别的事情、浪费宝贵的课堂教学时间的现象。从教学方法和手段上分析，一种好的教学方法总是相对而言的，它总是因课程、因学生、因教师自身特点而变化的。也就是说教学方法的选择要量体裁衣，灵活运用。

看教学方法的多样化，评课不仅要看教师是否能够面向实际，恰当地选择教学方法，还要看教师能否在教学方法多样性上下一番功夫，使课堂教学超凡脱俗，常教常新，富有艺术性。看教学方法的改革与创新。要看常规，更要看改革和创新。要看课堂上的思维训练的设计，要看创新能力的培养，要看主体活动的发挥，要看新的课堂教学模式的构建，要看教学艺术风格的形成等。现代化教学呼唤现代化教学手段。"一支粉笔，一本书，一块黑板，一张嘴"的陈旧单一教学手段应该成为历史。看教师教学方法与手段的运用，还要看教师是否适时、适当地使用投影仪、录音机、计算机、电视机等现代化教学工具。从教师教学基本功上分析，要看板书，看教态，看语言，看操作。从教学效果上分析，课堂效果评析包括以下几个方面：一是教学效率高，学生思维活跃，气氛热烈。二是学生受益面大，不同层次的学生在原有基础上都有所进步，教学的三维目标达成。三是有效利用课堂，学生学得轻松愉快，积极性高，当堂问题当堂解决，学生负担合理。

要善于在教学中进行有效的反思

　　站稳讲台是新教师的迫切愿望。作为新教师，你往往会在头一个月中斗志昂扬、意气风发，但理想与现实的距离又会令你迷茫，你会花大量的工夫去备课，但课堂的效果却不遂人愿，几个月后，你便会质疑自己的教学能力，认为自己不适宜教书，入错了行当。实际上"欲速则不达"，教师的成熟需要一个过程，有些能力是不能超越与速成的，美国心理学家波斯纳曾提出过一个教师成长的公式：成长＝经验＋反思。就教育工作而言，教育反思是你对自己的教育实践活动及潜在的教育观念的重新认识。教学反思是一种有益的思维活动和再学习方式，它是你成长的"催化剂"。每一位优秀教师的成长都离不开教学反思。叶澜教授说：一个教师写一辈子教案难以成为名师，但如果写三年反思则有可能成为名师。如果一个教师仅仅满足于获得经验而不对经验进行深入的思考，那么，即使是有 20 年的教学经验，那也只是一年工作的 20 次重复。教学反思，是你对教学行为和教学活动进行批判的、有意识的分析与再认知的过程，反思，能使你不断更新教学观念，改善教学行为，提升教学水平，同时形成你对教学现象、教学问题的独立思考和创造性见解。

那么，你该如何进行反思呢？你可以向同行学习，将其他教师的教学行为作为反思你自己教学行为的一面镜子。向同行学习最好的方式是观摩别人的课堂，听课后认真分析别人成功和失败的原因，通过对照反思，及时发现自己教学中的问题。同时要善于吸纳他人的成功之处，并有效地融入到你的经验中。对听的每一堂课都要研究、思考，每一个细节都不放过，同时反观自己对教材的把握，学会发现自己的不足，找到解决问题和完善自己的办法。还要在师生碰撞交流中反思，在课堂上，根据学生的反应和接受状况，不断反思你的教学设计、教学语言、教学节奏，调整教学内容，使教学真正做到以学生为本。你还可以以教师的视角对自己的教学进行反思。它可以使你对自己教学的观念、行为、设计理念进行深刻的审视。你要针对自己的课堂教学坚持"课前反思"，你在备课过程中要多思考，多向自己发问，例如，"为什么这样上课？""应该怎样上这堂课？""还可以怎样上这堂课？"，三思而行，定能提高课堂效率。还要坚持"课中反思"，你在上课过程中，对课堂上发生的出乎意料的问题要及时思考，及时调整教学策略。这样，才可以克服教学预设带来的机械呆板的弊病，让课堂教学随时产生智慧的火花，充满生机与活力。还要坚持"课后反思"，在课堂结束后，你要及时反省，反思本节课的得与失，成与败，以便在今后的教学中及时调整自己的教学行为。你在对自己的教学实践进行反思时，尤其要抓住关键事件。你还可以通过阅读理论文献来反思自己的教学，这样可以使你针对一些问题找到与自己不同的解释和见解，帮助你接受新的信息、观点，用新的方式研究自己。通过家长对学生发展的意见反思自己的教学。学生家长最关心学生的发展。学生在学校中的表现（学习成绩如何？学习能力如何？思想品德如何？），家长是很关注的，他们的一些观察、思考是教师难以了解的。所以通过家长的眼睛来看学生的发展，倾听他们的意见也是教师反思教学的一个必要途径。不过要注意的是，家长有可能对教育的全面发展的价值观不甚了解，因而只关注学生的成绩，所以，你听取家长意见时要细心分析。

　　反思过后，教学反思又该如何书写呢？建议把"教学反思"写成"一事一议"，写作结构可以概括为"教学实例—得失分析—理性思考"，首先叙述具体的教学活动（应简略些），接着分析在这一活动中自己的成败得失之处，最后针对成败得失，结合新课程、新理念谈自己的思考和感悟，尽量写出深刻的切实可行的方案策略。

　　从写作内容上看，你大致可以从以下几个方面选择话题来写"教学反思"：记成功之处，如教学中突破重点、分散难点的方法，教学过程中达到预先设计的教学目的、引起教学共振效应的做法；课堂教学中临时出现的问题以及处理得当的具体措施；层次清楚、条理分明的板书；先进的教学理念在课堂中渗透与应用的过程；教学方法上的改革与学法指导的技巧；等等。把它们详细得当地记录下来，供以后教学时参考使用，并可在此基础上不断地改进、完善、推陈出新。记"败笔"之处，写教学中的不足、失败之处。即使一个教学经验非常丰富，课堂教学近乎完美的教师，也难免在一节课上的某些环节有疏漏失误之处，有这样或那样的不足之处。能认真冷静地对整个教学过程加以剖析，回顾探究寻找到解决问题的策略，为今后的教学积累深层次经验，无疑会锦上添花。记教学机智，课堂教学中，随着教学内容的展开，师生的思维发展及情感交流的融洽，往往会因为一些偶发事件而产生瞬间灵感，这些"智慧的火花"常常是不由自主、突然而至的，若不及时利用课后反思去捕捉，便会因时过境迁而烟消云散，令人遗憾。你要及时记录，在课后深刻反思，以拓展教学思路。记学生见解，学生是学习的主体，他们总会有"创新的火花"在闪烁，教师应当充分肯定学生在课堂上提出的一些独到的见解，这样不仅可以使学生的好方法、好思路得以推广，而且对他们也是一种赞赏和激励。同时，这些难能可贵的见解也是对课堂教学的补充与完善，可以拓宽教师的教学思路，提高教师的教学水平。因此，我们要将它们记录下来，为今后的教学丰富素材。

你还可以通过录音来发现自己课堂上的一些问题，在课堂上，你有多少时间用于讲授，有多少时间用于学生的发言，有多少时间用于引导学生，又有多少时间让学生自己去分析、反思、实践，你可以以此了解你的教学语言是否准确、精练、生动，录音在一定程度上会告诉你还有哪些方面需要努力，需要你通过反思去积累经验，去改进完善教学，当然，这个过程是很艰辛的。

　　总之，写课后反思，贵在及时，贵在坚持，贵在执着。一有所得，及时记下，有话则长，无话则短，以记促思，以思促教，作为新教师，在整个教学工作中，要学会反思，要自觉反思，要善于反思，树立反思意识，养成反思的习惯。做到这些必能"集腋成裘，聚沙成塔"，你也一定会收获职业的幸福感！

注重有效的学生评价

苏霍姆林斯基说："教师无意间的一句话，可能造就一个天才，也可能毁灭一个天才。"这无疑说明了教师在对孩子讲话时应该慎重，特别是上课评价孩子的行为、发言时的语言。学生一般比较看重老师的评价，高明的评价，会使学生发现自己的长处，看到自己的能力，产生一种愉悦感，从而激起学生对某一事物的兴趣，为学生扬起前进的风帆。

新教师要随时根据学生的表现，给予适当的鼓励性、指导性、批评性或矫正性评价，尤其以鼓励性评价为主。从实际教学上看，你在课堂中能多采用一句激励性的评语、一个充满爱意的眼神、一个鼓动上进的动作等，都会对学生的心理产生积极影响。你需要在课堂上善于观察，把握时机，这样才能提高评价的准确性与有效性。

你在进行激励性评价时内容要翔实。要挖掘特定环境中的可比因素。比如："你的表现比船夫还厉害！""你的描述比作者还生动！"与同学对比，比如："你的想法最有独创性！""这样的分析确实高人一筹！"与教师对比，比如："你读得比老师还好！""你的分析比老师的简单明了！""后生可畏啊，老师当年就没有你现在的胆量！"与自身对比，比如："我真的不认得这是你的字，进步太大了！""士别三日，当刮目相看，你的作文很有文采，老师都为你感到骄傲！"

激励性评价要注重情感投入。"感人心者，莫先乎情。"同样一个"好"，可以说得平淡如水，让人感到有勉强应付之嫌；也可以说得激情满怀，让人感受到你发自内心的赞赏。所以，你的评价应该注重情感投入，用简短、恰当的措辞，热情地给予褒奖。如"你确实很会动脑""鲁迅是大文豪，你是小文豪""很有自己的见解，敢于质疑求疵"等，这些评价可让学生真切地感受到成功的愉悦。

你要注意不要一味赞赏学生的智能，如"你真聪明""你在这方面很有天赋""你是个小诸葛"等，长此以往，成绩优秀的同学很可能会产生一种自高自大的心理，形成自己是天才的错觉，从而看不起周围的同学。而对于成绩落后的学生，你盲目地夸他"真聪明"，他会认为你言不由衷，是在欺骗他或讽刺他。你要更多地赞赏学生付出的劳动，赞赏他们良好的学习方式、学习态度。如"你肯动脑筋""你读书真仔细""你的思路很巧妙"等，这样的评价能引导学生在受挫时归因于自己未尽全力，从而尝试以加倍的努力去战胜困难，这有利于培养他们顽强的意志和勇于接受挑战的进取心。

你还要善于用充满机智的评价语言，这样不仅能促进学生思维的敏捷和灵活，更能使课堂妙趣横生，充分调动学生学习的积极性。当然，激励性评价并不是一味追求肯定，而是提倡否定时应讲究语言艺术，更多地给予鼓励，即寓"贬"于"褒"，创设一种心理安全的教学氛围。

你还可以放手让学生自己评价自己，这是对学生的一种尊重，一种信任，能极大地调动学生，有效地促进课堂教学。在课堂发言的时候，你的评价要中肯，就事论事，给孩子做表率。如"我认为……""我希望……""我的建议是……"给学生言语的规范，让他们能照说。学生对学生的评价你必须做出回应。"他的建议你接受吗？""你觉得他的想法怎么样？"……你要通过你的追问，使学生正视评价，接纳评价，乐于评价。

对学生评价也要注意因人而异、因课而异、因时而异，评价要贯穿于每节课，渗透在每一个教学环节中，要有情境、有依据、有实效。在教学工作中，要"多送蜜，少送刺"，其中的"蜜"就是指激励性评价。只有恰当运用激励性评价，才能创造出有利于学生发展的良好环境，提高学生的参与度和思维能力，激发学生的自主性和创造性。

这样进行作业的布置和批改

作业的布置情况会影响孩子学习的兴趣，作为新教师的你需要明白：给学生布置多少作业，布置什么样的作业，对学生的学习兴趣的激发十分重要。

你要记住，作业的设计要有典型性、代表性，要少而精。要知题善任，一题多解，多解归一，多题归一。学生喜欢作业布置不多、上课精彩的老师，课上荒废课下通过作业补的做法必然会引起学生的反感。那么，你该怎样给学生布置作业呢？你要注意层次，难、中、易各种层次要均有涉及，显示出层次性，少布置平行性的重复练习。因材施教，对基础不同的学生布置不同层次的作业，让各类学生都能吃饱，而又不至于优生吃不够，差生吃不下。作业布置要符合课程标准和教材的要求，要有助于学生巩固与加深理解所学知识，并形成相应的技能技巧。作业的形式要有利于激发学习兴趣。作业量要适当，难易要适度，设计要有梯度，有明确的目的。提倡针对学生的不同水平设计必做题和选做题，作业的难度以中等学生水平为准。布置作业要向学生提出明确要求，并规定完成时间，可以适当给学生提示，但不能代替学生独立思考。要求学生作业书写工整，字体要规范，书写格式要统一，要求要一致，要及时改正作业中的错误。如果是预习性作业，要有明确的自学重点，有预习目的。布置作业还要有整体观，切忌与班级其他的任课老师"攀比"着布置作业，你要了解各科作业的布置情况，如果其他学科的作业较多，你应该少布置，这样有助于你与本班的其他老师和谐相处，也能够赢得学生的信任与尊重，他们会在你的课堂上更专注地学习。

你要认真及时地批改学生的作业，做到一般作业当天批改，作文作业一周内批改，以便及时检查教学效果和发现教学中存在的问题。批改作业时，要分析错误产生的原因，要有记录，作为课堂讲评或改进教学的依据。批改作业要认真仔细，对学习有困难的学生尽可能做到面批面改。教师对学生改正的错误要及时给予复批，批改符号使用要规范。教师批改学生作业不能用简单的几个钩或叉来完成，必须有耐心、讲方法，对学生作业中答得好的方面或有创意的地方，应用特殊记号或语言文字给予鼓励，而对作业出现的错误也应在其下面画上线，或提出错在哪个知识点，让他们对教师的批改结果感兴趣，督促他们养成自觉做好作业的习惯。当然，你也可以改变单一的评价方式，一边笔批，一边有针对性地对每一个学生进行语评。例如：对作业做得又好又快的学生，老师可以说："你很认真！""你真快！"抑或是一个简单的"好"也胜过那个无言的"☆"；对中等生，老师就可以鼓励说："如果你速度再加快一点，字写得更好点，就太棒了！"对潜能生，老师可以一边摸摸他的头，一边激励说："嘿，不错，有进步！""把这道题更正了，就真的是一个进步大的学生了。""老师相信你下次会做得更好！"这样的评价方式，可以让班上的每一个学生，尤其是潜能生，感受到老师的关心、老师的爱，从而改善师生关系，增进师生间的情感，使学生亲其师，信其道。

总之，教师批改学生作业的过程不是一个简单机械性的重复劳动，而是一种复杂的、具有创意的过程，需要教师凭着对教育事业的执着追求，凭着对学生高度负责的精神，才能够把学生的作业批透，获得教学信息反馈的第一手资料，为课堂教学打下基础。

科学评改能够提高反馈效率，教师的工作量计算起来是十分大的，拿一个语文教师来说吧：课堂作业、练习册、作文、周记、单元测试等都需要老师检查评改，每位教师教2个班，一般100人左右，其工作量可想而知。而且大部分学生拿到老师辛苦批改的作业后并不认真对待，往往搁置一边，连看都不看一眼。这样的情况不仅让老师觉得寒心，批改作业的效果也远远没有达到。你可以对作业批改进行一点小改革：改变按自然组交改作业的顺序，根据考试成绩和学生平时表现把学生分成A、B、C、D四组，你可以评改其中一组，也可以全部评改，对发现的问题集中解决，这样有利于优生的培养和"后进生"的转化。对一般性的作业互相评改，"后进生"评改优生受到感染，优生评改"后进生"提出希望，同等级的学生互相评改，看谁的进步大。重反馈，重评点。这样做可以让教师省去许多无谓的劳动，把精力放到评点上，针对作业中的主要问题去讲解，表扬作业的优秀者和进步大者。

你每天都要与学生、教材和作业打交道，这些资源实际上就是你专业成长所依托的素材。为此，你应该积极地投身于挖掘这些资源的活动中，积极地探索出其内在的教育意义。新教师要有作业批改记录，在批改学生作业时，把学生作业中出现的这样那样的问题进行一个简单的登记、分析、归纳、小结和研究。作业批改记录不仅仅是要记载学生作业存在的问题，更重要的是对这些问题做出科学的分析，并在分析的基础上找到相应的措施，它是教师下次备课的有效凭据，也是改进教学教法的指南针。作业批改记录不但记载了学生近阶段的学习中存在的问题，还记录了教师分析问题、采取措施、解决问题的方式方法，以及学生的理解、接受情况。通过作业批改记录，我们可以清楚地发现学生由不会到会、由模糊到清晰、由感知到认识、由认识到掌握的整个学习经历。从这个意义上来讲，作业批改记录是学生成长的日记，也是教师成长历程的真实写照。它记录了教师如何把教学与研究有效结合，如何从一个小小的作业问题挖掘出一系列的教育资源，如何使教学行为本身成为有意义、有价值的事情，成为富有创造性的劳动。它能折射出教师的教学实践从幼稚走向成熟，教学理论认知从肤浅走向深刻。它记录着你的整个成长历程。

第四章

关于
"修身养性"
的建议

不健康的心理是教师的人生大敌

在现代社会中，教师经常会承受更多的压力。在香港的一个调查排名中教师职业压力位列第二，仅次于医生。由于超负荷的工作、不断增加的教学难度、年轻教师之间激烈的竞争、紧张的人际关系等来自社会、学校、学生、家庭的压力，教师的身心健康隐患正日益增多。

"终于可以放假了，没想到当老师比做学生累多了！"小唐去年大学毕业后如愿考到市属一所中学教英语，短短一个学期她就对教师这一职业有了新的感受，"我班上的学生厌学现象较多，有些学生简直上网成瘾，我经常从网吧里把他们揪回学校。现在我一听家长说孩子又去打游戏了就头痛。"

"今天，我提醒一个学生上课不要讲话，以免影响其他同学。他居然说我多管闲事，引得其他同学哄堂大笑。要不是想到打学生不对，我早就动手了！"一个年轻气盛的老师脸憋得通红，愤懑不已。

"我们女教师就更惨了，学校工作忙不说，回到家里还要买菜做饭，洗碗洗衣，辅导孩子，真是忙了外面忙家里，身心疲惫，心力交瘁。"

"每天都在做着大量重复烦琐的工作，想到退休了这种无法量化的日子才能到头，真是感到前途茫然啊！"一位刚工作了三年的年轻教师如是说。

"物价飞涨，我们的工资不涨反降，真成了"三少一族"了！不过总比那些被拖欠工资的农村教师要好些。"一个城市学校的教师自嘲道。

"工作成绩越好，心就越累！"小学老师林荣在最近一次教师座谈会上感慨，"总想让班级的成绩名列前茅，学生分数一下降就着急上火睡不好。"

九成以上的中小学老师感觉压力大。南京市民盟曾采用国际公认的 SCL-90 心理健康量表，对全市 6 个城区 20 所中学的 740 名教师的身心健康进行抽样调查，收回有效问卷 712 份。调查显示，过半数的教师存在疲劳、烦躁、易怒、过敏、紧张、多疑、抱怨、自卑、严重失眠、神经衰弱等身心疾患。其中 30.4% 表现为强迫症状，30.4% 表现为焦虑，27.1% 表现为抑郁。另外，自卑心态严重，嫉妒情绪明显等也是较为突出的问题。

不良的情绪不仅让有的教师在精神上罹患疾病、饱尝痛苦，而且在身体上也让不少教师承受着病痛的折磨。该调查表明，有34.6%的教师已表现出明显的躯体化不适。

在这里，我不想阐述不良情绪是如何导致人们交感神经与副交感神经的功能失调的，我只想告诉你一个真实的故事——前不久，成都市一个优秀的青年女教师因患胰腺癌去世了，她甚至还不满三十岁。她丢下深爱她的丈夫，丢下敬重她的学生，丢下垂垂老矣的父母，带着白发人送黑发人的悲痛，带着孩子们依依不舍的目光，带着还未办完的校刊，就这样离去了。英年早逝，让人扼腕长叹！试想，如果能留住生命，她还能为家庭、为学校、为孩子们做多少事啊！还能看到多少美丽的人生风景啊！人生的长度和质量同样重要！

此外，教师不健康的心态不仅损害自己的身心健康，让事业无法持续发展，而且还会影响学生的学习态度和生活态度。严厉的教师会使学生面临不必要的心理压力，造成心理疾患；过分放纵，又会使学生失去必要的自控能力。看来，没有心理健康的教师群体，就不会有心理健康的学生。教师的心理健康状况将直接影响人类社会的健康和谐发展。

一个真正优秀的教师应该处理好两个方面的关系——既关注学生的心理健康，也关注自己的心理健康。

教师的心理健康从根本上说还得由教师自己维护。我希望阅读本章节的青年教师都牢记：为了我们自身和家人的幸福，为了我们神圣的教师职业，让我们努力做一个身心健康的快乐教师吧！

不要为金钱所恼

知道现在的年轻教师在烦恼什么吗？金钱的烦恼是其中之一。

我办公室就有一个年轻的教师正为这事犯愁呢！他告诉我，他最近买了一套新公寓准备结婚用，为此找父母亲戚借了一些钱，七凑八凑交上了首付。但每个月还完按揭的钱之后，工资所剩无几。他长吁短叹道："如今出去看场电影最起码也要好几十，我剩这点钱，只够基本的生活，连女朋友都不敢谈，更别谈孝敬父母了，还大学生呢，惭愧啊！"

和这位同事境况一样的年轻教师还真不少，他们总是为自己的财务出现赤字而苦恼，也总是为自己挣得比别人少而抱怨。

说实话，这个话题早在很多年前就曾困扰过我了。那时我刚参加工作，住在黑暗潮湿的廉租平房里，月薪算来算去也不到五百元，每天都为日后拿什么买房而焦心。每当与待遇优厚的同学重逢后，总有一种说不清的滋味若隐若现：羡慕？自卑？愤懑？真是"才下眉头，却上心头"呀！我不想为这种毫无意义的担忧而耗费精力，但我却仍然不知道该怎样解决我的烦恼！直到有一天我看到了一篇报道——人们70%的烦恼都与金钱有关，并且大部分人都认为如果收入能增加10%，那么他们在经济方面就没有任何困难了。但是有很多人在收入增加了之后，非但烦恼没有减少，还增加了许多开销，因此更加头痛。许多人烦恼的真正原因，并不是他们没有足够的金钱，而是他们不知道怎样合理安排自己现有的金钱。

这则报道让我产生了疑问：难道我那微薄的薪水也有必要拟订计划来花吗？但我仍决定还是在预算内花钱，入能敷出，尽量从有限的收入中省下几个"铜板"。我并不是让你储蓄致富，但至少能让你避免财政赤字和负债的烦恼。可惜，我们大多数人在处理金钱事务上表现得意外盲目，尤其是在遇到自己喜欢的东西时，我们往往会为那只"哨子"付出高昂的代价——

我的一位同事，每当她看到商店里让她心仪的服装时，总是会毫不犹豫地将其买下，事后又后悔不已。

我的另一位同事买下他渴望已久的汽车后就被每月高昂的按揭贷款和各种"杂费"压得喘不过气来。

那么，我们这些收入不高的年轻的教师，怎样才能不为金钱所恼呢？

首先就是调整心态，要明白全世界不只有你才面临这样的问题，很多刚起步的年轻人都面临同样的问题。如果成天像怨妇一样唉声叹气，怪这怪那，不但于事无益，还会弄得自己情绪低落，工作无成绩，生活无趣味，甚至从此郁郁寡欢，一蹶不振，何苦呢！再说，钱有四只脚（角），人只有两只脚，你怎么追得上钱呢？如果我们的能力达不到我们想要的目标，也大可不必苛责自己。何不宽容放轻松一些，以微笑面对？世界富翁洛克菲勒在五十岁时才醒悟：每天能香喷喷地吃三顿饭，美美地睡一觉，拥有健康的身心比拥有亿万身家却不快乐、不健康更有价值！我们又何必让烦恼毁了自己的生活呢？

其次一个重要的原则就是"开源节流"。

先说"节流"。我前面讲的拟订一个花钱计划，就是这个意思。也许你会说："不让我花钱买我喜欢的东西，生活还有什么意思？"但我要问你：在预算之内开支，和让债主敲破你的门，你愿意选择哪一种生活方式呢？从长远来看，哪一种更能给我们带来安全感和幸福感呢？

你可以尝试着记下你每天的各项开支，一个月梳理一次，然后拟订一份真正适合自己的花钱预算，强迫自己在预算之内生活。

你还可以学会聪明地花钱，把钱都用在刀刃上，让最少的钱发挥最大的价值。我的一位同事按照货比三家的原则，总是能采购到物超所值的东西。

再来说"开源"。作为年轻人，我们有无穷的活力与朝气，我们完全有能力做些什么来增加我们的收入。我不是财务专家，我没有资格告诉你该怎样通过买卖股票和炒房地产来发财致富；我也不主张晚上、周末几班倒，轮番轰炸，挣几个辛苦的辅导费，长此以往，不但身体吃不消，而且有关部门也不允许。有一句话说得好："工欲善其事，必先利其器。"任何行业都是专家赚钱，你要想增加自己的收入，首先需提高你的业务能力和教育教学水平。

我认识一位能让知识产生巨大能量的老教师。他把自己教学生涯的一点一滴都如实地记录下来出版成书，这些经验对教育界而言是一笔宝贵的精神财富，能引导无数的年轻教师茁壮成长！当然，他顺带也收获了一笔数目还算可观的稿费。著书立说所带来的效益虽然无法让人大富大贵，但也是人生价值的充分体现啊！他说："我希望青年教师都扎扎实实地练好基本功，今后无论走到哪儿都会发光发热，实现价值！"

我想，不管我们将来是否能成为像他那样的教师，我们都应该努力成为教师中的行家里手。这样，我们不仅能增加收入，而且能创造价值，实现自我，成为富有的人！

不要为批评所累

    同事小张这几天正为一件事愁眉不展，她特别想不通，自己工作殚精竭虑，一心扑在学科教学和班级管理上，换来的为什么是学生、家长的不理解，学生们嫌她管得严，家长们抱怨她找学生谈心导致放学晚。

    她找到我倾诉内心的愤懑，告诉我她现在对工作不再有激情。我意识到这件事已严重影响到了小张的生活，她再不调整心态，后果真的不堪设想！

    确实，作为老师，天天和不懂事的孩子打交道，谁没有小张这样憋屈的经历？乐业才能敬业，心情激愤哀怨，是无论如何也做不好工作的。所以，如何正确地面对别人的批评，就显得至关重要了。

    我曾经也是一个追求完美的人，总想成为每个人都喜欢的人，大凡受到一点点批评，都会非常敏感，感到难过。我会为学生的反对而恼怒，为家长的质疑而生气，为同事的议论而郁闷。总之，我害怕听到别人的批评意见，于是我带着我的烦恼去请教我的母亲（她是一名退休的教师），她鼓励我说："不用害怕别人说什么，否则你会缩手缩脚，什么也干不成，只要确定自己做得对就行！"

接下来，我依照我母亲的忠告行事，果然轻装前进，心情愉快！一位曾经抱怨我管得严的学生，毕业多年后在街上遇见我，热情地对我说个不停："老师，真希望再回到您的班上，现在没人管、没人关心的滋味真不好受。"瞧，教育效果就是有滞后的特点！一位和我有误会的同事，曾经在办公室大声数落我的不是，现在却成了我的好朋友。看，这就是我勇敢面对、真诚相待的结果！

我们必须明白，作为教育工作者，我们不能阻止有些人对我们的批评和非议，但有一件更为重要的事却是我们能够做到的：让自己不受这些批评议论的影响。当然，我不是让你对任何批评意见都不理不睬，而是说不要理会那些不公平的议论。

如果你不但能不受到批评的伤害，还能在公开场合一笑置之，就更是达到做人的最高境界了。我身边就有一位这样的教师——

她快退休了，在她漫长的教书生涯中，遇到过各种各样不平之事。由于她的严格要求，一次一个家长甚至跑到办公室里兴师问罪："我的孩子小学成绩就不好，作业不会做，你不要老是追查他的作业，也不要老是留他补课，只要他没影响到别人，你就睁一只眼闭一只眼。你现在的要求他受不了了，在家里跟我们闹，让我来和你说说。"遇到这种不明就里的指责，我们可能早就火冒三丈了，可是这位老师却平和地微笑着说："你小孩的同桌最近告诉组长说，你儿子可以拖欠作业，她也可以这么做。看来你儿子的个人行为已经影响到班上的学风了。还有我们一直认为你儿子是一个聪明的孩子，只是欠缺良好的学习习惯，难道你愿意我们把他当成笨学生看待吗？难道你愿意他一出问题就找你们解决，一辈子拖累你们吗？"最后这位家长被老师晓之以理、动之以情的话语说得幡然醒悟，心满意足地回去了。事后有同事愤愤不平地说："这种家长就该狠狠教训一顿，懒得跟她废话！"这位老师哈哈一笑："干吗生气？制怒要紧。大声呵斥，吵起架来，闹僵了，工作就被动了。我们只需做好该做的事，'忠言带点情，顺耳又利行'。希望她能听得进去，改得过来，对她儿子，对她自己，对我们的工作都有好处。"

当我们受到批评时，与其疲于还击，不如尽力做好该做的事，用事实证明一切。假如结果证明我对了，那么批评就会不攻自破；假如结果证明我错了，那么老老实实承认，认认真真改正，辩解又有什么用呢？总而言之，不要为批评所累。

不要为小事生气

生活中，不乏我们被小事搞得焦头烂额的现象：

两个驾驶员在会车时，就因为一言不合，或一个不满于另一个的斥责："你怎么开车的？"结果就吵得面红耳赤，大打出手，阻碍交通。

一群能干的老师在一起共事，这些人可以连上四五节课不叫累，备课到深夜不觉苦，却可能因为有人不共享资料，偷偷独用而心生芥蒂，不理不睬，甚至相互拆台。

世界上很多伤心事的产生都是因为一些微不足道的小事损害了我们不值一提的小小虚荣与自尊。由此看来，如何处理小事就显得十分重要了。

教育无大事，我们教师的工作就是由无数件小事组成的，且这些小事还很单调和枯燥。每天面对这些事，没有一个正确的认识，难免会被扰得心绪不宁、怒火中烧，消极甚至偏激。

当我还是一名年轻教师时，工作中不断遇到的小事也曾常常让我生气、烦恼。单说学生变着花样犯错误就够令人头痛了。迟到、逃课、讲小话、不交作业、不参加集体活动、成绩不好……处理完了这件事，那件事又冒出来了。才好了没几天，不久又旧病复发，好像没一件事让人省心。"难道就要在这种令人丧气的日子里消磨几十年？"我不禁怀疑教师工作的价值，陷入深深的痛苦和迷茫之中。直到一位老教师点醒了我："其实你遇到的问题都是小事，还没有达到杀人放火、关乎生死的程度。学生如果懂事了，还用得着我们教育吗？学生不犯错误才不正常，引导他们改正，这就是每一个教师的工作常态。这不是一劳永逸的，也不是靠烦恼与生气可以解决的。"我反复回味这番话，不禁感叹："是啊，与其被这些小事羁绊，不如换个角度对待。轻松一点，看远一点，也许能找到更好的感觉和结果。"

我发现，要想不为小事生气，有几个方法值得一试——

学会忘记可以让我们远离烦恼。我的一位同事从来没有为他人不共享教学资料而生过。他说："别人与我共享，是他心胸开阔。别人不拿出来，也是他的专利所有，无须指责。"他不但完全不把这事放在心上，还大公无私地把自己的资料拿出来共享，弄得那个"吃独食"的人不好意思长期受恩惠，也开始大方起来。

保持良好的心态也可以让我们避免生气。有一段时间我班上的几个男生经常因为在午休的时候打篮球而迟到。刚开始我气得不行，认为他们不但影响其他同学休息，还连累班级被扣纪律分，而且他们自己的学习成绩也在不断下降。我严厉地批评了他们，可他们仍然迟到如故，且逆反情绪严重。"怎么办？是不是我把这事看得太严重，以至于失去了耐心和智慧？"我转念一想，"男孩子爱打篮球也是天性使然，若一味压制，也不利于健康成长。过段时间要举行篮球比赛，他们也许是想练好技术，为班级争光吧！"这样一想，我的怒气消失殆尽。于是我在全班宣布："这几个男同学苦练技术的精神是值得肯定的。但同学们要记住，没有纪律和时间观念的球队是必败之军！我们全班来一个约定，帮助我们的球队成为'铁军'，成为胜利之师！"接下来我们全班约法三章：即日起凡迟到者，根据迟到时间和次数论处：迟到一分钟就朗读一篇珍惜时间的文章，两分钟读两篇，三分钟抄写一篇；迟到三次取消进篮球队资格。此法一出，因打篮球而忘了时间的现象日趋减少。虽然还没有达到完全杜绝的程度，但我已不会再为这事生气了。生活中确实有许多小事，因为我们在想象中夸大了它们的严重性，所以才会被困其中。

关注真正重要的事会让我们明白生命的真谛，拒绝小事的烦恼。有一句话说得好："生命太短暂，我们不要关注恼人的小事。"我的一位朋友在汶川大地震中幸存了下来，她告诉我："当地震的余波一阵阵袭来的时候，我就暗暗下定决心，如果自己不死，就一定要好好活，不再为针尖大的事而生气烦恼。我以前还一直为没房、没车、没钱结婚与男朋友吵嘴赌气，但现在我打算一安定下来就结婚，比起好好地活着，拥有真挚的感情，那些都显得不重要了。"

我要向大家分享一个让我印象深刻的故事——

一个年轻人问一位智者："我为什么这么累？任何一件小事都会让我心绪不宁、耿耿于怀？"

智者没有直接回答，他把一张纸交给年轻人，并对年轻人说："请你举着它。"

年轻人举着这张纸，一分钟过去了，智者问："感觉怎么样？"年轻人回答说："没什么，轻松。"

三十分钟过去了，智者又问："感觉怎么样？"年轻人说："手臂有点酸。"

一个小时过去了，智者又问："感觉怎么样？"年轻人说："我的手和手臂都麻了。"

智者说："你把纸放下吧，放下后感觉怎么样？"年轻人说："太轻松了。"

智者说："生活中的许多事也是这样，你现在明白了吗？"

当你正在为小事生气时，不妨学着像年轻人一样放下它。

不要希求别人感恩

当我们把满腔的热情都给予教育事业，却得不到感恩与回报时，你会怎么想？

最近，我就遇到了一位怨气冲天的年轻教师，她愤愤不平地告诉每一个人："半期考试后，我自己特意花钱去买了书和学习用具发给学生，希望以此鼓励他们更加努力地学习。可是没有几个学生感谢我，我甚至发现有的学生把奖品随意地塞到抽屉里，看都不看。我真后悔自作多情，给他们买奖品。"

我十分同情这位受到伤害的年轻教师。与其继续抱怨不停，受到更大的伤害，不如找找原因：也许这些书和学习用具在学生看来不合口味，不值一提；也许她是一个严厉的老师，学生不敢向她表达感谢；也许这些学生自私、忘本、没有礼貌。但更重要的是她犯了一个错误，如果她知道"感恩是极有教养的产物，你不可能从一般人身上得到"，她就不会为这事生气了。

我们也经常听到一些家长在我们面前哭诉，自己是如何一把屎一把尿把孩子拉扯大的，如今孩子长大了，不但不知感恩，反而把好心当成驴肝肺，不是顶撞，就是不和父母说话。和这些与孩子有血缘关系的伤心父母相比，我们的心情是不是要好受一些了？

我还听说我的一个朋友把钱借给了别人，刚开始她还满心希望别人能对她感恩戴德，但经过了一连串的失望后，现在的她只希望能如数收回借款。

人世间的事就是这样，如果我们一直希望别人感恩，就只能是自寻烦恼。如果我们能得到别人的感恩，我们应该惊喜和感动；如果得不到，也不必为此伤心难过。这应该是我们了解人性之后的明智选择。换句话说，如果我们在付出的时候，抛开希望别人感恩的念头，我们反而能享受更多的快乐。

我的大姐也是一名老师，在与学生和女儿相处时，她总是不知疲倦地劳作，毫无怨言。她说："不要希望孩子们能回报你什么，只要他们能在你身边快乐地健康成长，你就算尽到了你的责任，你也享受到了生活的乐趣。"正因为保有这份轻松与淡定，她反而赢得了学生、女儿的理解与尊重。

最近，一个助人为乐、不图回报的故事广为传颂：一位中年妇女在报纸上看到一个贫困家庭的孩子因无钱而得不到救治的消息，悄悄赶到医院，在医生处详细了解病人的情况后，她留下了两万块钱，并嘱咐医生千万不要声张，等她走后再把钱拿给病人家属。记者闻讯赶来，医生告诉大家："这位女士说她不图别的，就是想切切实实地帮到孩子，至于她是谁并不重要。她希望孩子好好养病，健健康康生活下去！"我想，这位妇女正是一个不希求回报，充分享受助人之乐的仁智之士！

当然，我们不希求孩子们感恩，并不等于不培养他们懂得感恩的意识，"滴水之恩当涌泉相报"这样的古训应该深入孩子们的内心。作为老师和长辈，我们有义务有责任抓住一切机会让孩子们知道感恩是多么可贵的品质！我曾经遇到过这样一个教育契机——

毕业冲刺阶段，学校开始上晚自习，主要是进行无偿的辅导工作。可是我发现有些同学并不感激、珍惜这个机会，不是上课无精打采，就是嘟嘟囔囔抱怨学校又占用了他们玩耍的时间。

这不，我刚一踏进初三（14）班，就发现教室里闹声冲天，人心浮动。我让全班安静下来，向他们宣布了一个"好消息"："凡是现在不想上晚自习的同学可以马上离开教室。回家睡觉的睡觉，打篮球的打篮球，老师决不批评。我们决不强迫不想学的人留在这里，即使人在这里，心也不在，没用！"教室里出现了短暂的寂静，一个声音兴奋地叫道："真的哇，郭老师？那我就不客气了，我去打篮球了！拜拜！""不送，不过先说好，中途不要回来打扰我们这些想学的同学哟！"我话音还未落，那说话的小凯已经一溜烟从后门逃之夭夭了，看来早已是按捺不住了。"郭老师，我帮你去追，他们太不像话了！"坐在第一排的波儿自告奋勇冲出了教室，结果也是"肉包子打狗——有去无回"。一统计，趁乱共溜了四人！同学们惊讶不已，面面相觑，我继续说道："想走的还可以走，等会就走不了了！"再没有人起身离开，于是我大声宣布："恭喜留下来真正想学的人，我们现在开始正式上课！"

奇怪，接下来的时间过得真快，同学们听得非常专心，发言也特别有趣，大概他们都是发自内心地珍惜这一学习机会吧！这种上课的感觉就是舒服！

课已上了一大半了。突然，四个头上冒着热气的小伙子出现在教室门口，原来是那四个打篮球的同学回来了！"报告！报告……"一连串的报告声打断了教室里的宁静与和谐。同学们都看着我，我看着这四个汗流浃背的人，问："回来干什么？""回来上课！"他们昂首挺胸地回答。"可是，教室是神圣的地方，不是想来就来、想走就走的茶馆。再说早就讲好了不要中途回来打扰我们这些想学的同学。同学们，你们同意他们进教室吗？""不——同——意！"孩子们异口同声地否决。"没办法，是你们违反了自己的承诺。老师相信你们能回家自学本堂课内容，不过笔记可得明天一早交，可以借同学的抄来补上。好了，让我们用热烈的掌声欢送他们！"掌声中，四人脸涨得通红收拾着书包，很不情愿地小声抗议着，不好意思地快速离开了教室。愉快的课堂得以继续进行。

伴着下课铃声我走出了教室，发现这四个同学竟然躲在窗户下面猛抄笔记。"你们怎么没有走？""郭老师，我们错了，请你原谅！"他们诚恳地低着头，"你看，后面的笔记我们全都做了！"我说："打篮球不是不可以，关键要分清先后主次，下回再来一盘？""谢谢郭老师！保证下次不敢了！我们以后一定好好学习！""不用谢我，该谢谢学校！谢谢你们自己还懂得感恩，懂得知错就改！"

摸摸孩子们的头，看着他们蹦蹦跳跳地离去，我不禁露出了会心的微笑。

你看，如果我们不教育孩子，他们又怎会知道感恩呢？感恩之花不但需要细心栽培，更需要潜移默化身体力行来浇灌。如果你不是一个懂得感恩的人，又怎能培养出知恩图报的孩子？

我曾经看到一些年轻的教师浑然不觉地充当着不知感恩的反面教材，把别人的帮助当成理所当然，甚至当着孩子们的面也不掩饰自己的浅薄："张老师帮忙选的这首歌太难听了，简直不适合参加歌咏比赛！"年轻的同事，这样的话可不能随便说，哪一天孩子们如法炮制用在你身上，那滋味可不好受啰！

再次友情提示一下：

只要懂得忘恩是一件自然的事，我们就会减少难过；

只要不希求感恩，我们就能享受付出获得的快乐；

只要言传身教，我们就能熏陶出知恩图报、有教养的孩子。

积极面对困境，提升解决问题的能力

我算不得一个天生积极乐观的人，因而浪费了很多的时间和精力去担心事情会向坏的一面发展。看到今天有许多年轻的教师也像我当年一样被工作、生活中的不顺之事弄得心烦意乱，不停抱怨："真是糟糕透了，命运对我为什么如此不公？为什么我就要面对如此差的学生？为什么做了那么多却收效甚微？为什么只有无尽的焦虑与失望？"我要大声地告诉这些年轻的同行，一味地埋怨和愤恨实在不是聪明人的选择，它不仅使我们想不出一点办法，无助于问题的解决，而且还让我们无法感受教师生活的快乐，失去希望，郁郁寡欢。

所以，当我领悟到这个道理之后，我便尝试改变对事物的消极看法，冷静面对，避免发怒，积极思考，竟然能很快走出困境，把坏事变成好事。

记得有一次，上课铃声已经响过第一道了，可教室里还是闹哄哄的。我进了教室一看，才发现原来上节课是体育课，同学们刚从操场回来，两个满头大汗的男孩正准备把一桶纯净水安装到饮水机上。我本能地阻止道："听到打预备铃，就要马上回到座位，水下课再喝也不迟。""马上马上，装好我们只喝一口，刚才没喝到。"他们一边答应一边仍然继续着动作。我的心里掠过了一丝不爽："这样磨蹭，课几时才能开始上？"就在我正要发话的时候，意想不到的事发生了——

大概是由于慌张或体力不支，水桶突然从两位同学的手上滑落下来，重重地砸在地上，汩汩的矿泉水不断地往外冒，教室里顿时水漫金山，直叫我手足无措。

更意想不到的事接踵而至。一个调皮的孩子笑嘻嘻地跑上前来，伸出矿泉水瓶。"你干什么？""我接点水，免得浪费了！"在他的带动下，有几个男孩也跃跃欲试想上来接水。"不懂事的孩子，这根本就无济于事，干吗添乱呢？"我边想边压住火气，"怎么办？是大声训斥一通，还是抓住这个契机培养孩子们为集体做事的意识呢？"

我定神高声问道："哪位同学愿意帮忙把水桶抬到阳台上的水槽里放着？"这时班长王鑫自告奋勇地站出来，把不停漏水的桶拎到了水槽里。"哪位同学愿意和老师一起把地上的水扫干净？""老师，我来！"我从几个同学中抽了吴杰，想给他一个表现的机会。吴杰扫得很仔细，涨起来的水渐渐消下去了。

同学们从一开始的兴奋也渐渐变得安静下来，他们都被这一刻感动了，我不失时机地大力表扬："王鑫和吴杰同学在关键时刻显示出了对集体的热爱，并付诸行动，让我们用掌声向他们表示感谢！同时，我也相信那些争着上来接水的同学下次一定会做得更好，采取更正确的营救措施。"那几个男孩都红着脸低下了头。

最后，我愉快地宣布："好了，我们开始上课。"

这一次的经历让我深刻地认识到：突发事件需要我们教师运用智慧，积极面对，这样才能心平气和把坏事转变成好事。

还有一次，我遇到了一件十分棘手、难以解决的事。

每天早上，班上的同学都会在体育委员的带领下到操场锻炼身体。那天锻炼完后，我留下一位学生询问昨天未处理完的事，其余同学则按照习惯排着整齐的队伍向教室走去。可是不一会儿，一个同学急急忙忙地跑来告诉我：小强和外班的小志打起来了，小志为此摔断了胳膊。我马上跑到出事地点，和小志的班主任一起处理这件事：派人送小志到医院救治，通知双方家长，着手了解事情的经过。

小志的家长约了一大帮人来到学校兴师问罪，闯祸的小强是一个有先天残疾的孩子，表达混乱，口齿不清，性格孤僻，没几个朋友，再加上周围接受调查的同学有的说没看清楚，有的说好像是小强把小志绊倒了，小强的话在此时就更显得含混无力。一切证据都对小强不利，于是大家决定，由小强的家长垫付手术费，等到治疗过程结束，再根据学生医保赔付结算。

原以为事情已经得到了解决，谁知第二天，小强的家长找到我说，小强回去又比又画，就是不承认小志是他绊倒的，他们相信儿子说的话，拒付以后的治疗费。小志的家长得知这一消息，也扬言如果不给钱，就要找人收拾小强一家，还要告学校。

双方家长互不让步，都不讲理，事情处于胶着状态，我感到焦急、愤怒、委屈，一连几天，我都心神不宁，烦闷不堪。我问自己："你在担心什么？"我意识到我最担心的是事态扩大，既耽误了小志的治疗，又影响了学校和自己的声誉。我又问自己："这件事最严重的后果是什么？你能接受吗？""最严重的后果是学校被告上法庭。"我对自己说，"这样我就会在法庭上陈述经过，据理力争，总比现在'秀才遇到兵，有理说不清'来得痛快！"这样一想，顿时觉得心里的包袱减轻了许多，脑子也清醒了不少。

我决定明天一早把事情的原委告知学校，再次展开调查，做最后的努力。得到学校的大力支持后，我找到当时在场的学生，一个一个郑重地告诉他们要摸着自己的良心说真话，要对自己说的话负责。真相逐渐浮出水面，原来当天是小志先冲着正在排队回教室的小强扔纸团，才引起纠纷的，在后来相互追打的过程中，小志一脚踢空，自己摔断了胳膊。之所以没说出真相，有的同学是因为和小志关系不错，有的是被当天小志家长带来的一帮人的气势吓住了。有了签了字的证词，小志的家长自知理亏，不再胡搅蛮缠，小强的家长也万分感激。事情取得了令人满意的结果。

从这件事中，我总结出了一个经验：当我们一筹莫展或难以做决定时，不妨设想事情最严重的后果是什么，然后设法使自己尽量接受它。当最坏的结局我们都能接受时，我们就会感到好受些，我们甚至还可能在冷静后想出好办法，让事情峰回路转，柳暗花明。

很多人都用这个办法成功解决过他们的问题。

一个年轻教师去参加赛课，强劲的对手已经取得了非常好的成绩。她感到缺乏自信，十分担心自己上课效果不好，甚至想放弃比赛。在焦虑不安中，她意识到这样的状态根本不利于参赛，她说："我就想，最坏的结果是什么？——最后一名。我能接受吗？——只要我发挥出自己的水平，没有什么可遗憾的，总比半途而废好。"于是她又重整旗鼓，带着平和的心态投入比赛，享受比赛，结果同样获得了与会者的高度评价。

一个农村中学的校长说起当初改革受阻，在犹豫不决中痛下决心的想法："改革失败最坏的结果是什么？就是回到原点，和现在的状态一样。我们本来就'一穷二白'，丢掉一些旧有的观念和做法也算不上损失。与其坐以待毙，不如穷则思变。"

一个汶川地震幸存者也是靠着这个办法活下来的。他告诉记者，如果继续在废墟中恐惧焦虑，消耗精力，他一定等不到救援队的到来。他想最坏的结果就是被压死，那样就可以彻底休息了，也比这样惶惶不安强得多。干吗不在头脑清醒的时候做点有益的事呢？于是他在黑暗中努力保持平静的心态，尽量节省体力，坚持到了最后，创造了生命的奇迹。

　　所以，请记住，当我们一筹莫展或犹豫不决时，试一试以下三步：1. 想一想最坏的情形；2. 努力使自己接受它；3. 采取措施尽力改变。

善待周围的人

青年教师通常年轻气盛，容易在大动肝火之后把事情弄得更僵。刚刚走上教师岗位的小王就得到了一次深刻的教训。一位学生违反课堂纪律，经小王呵斥后仍不思悔改，甚至出言相讥，小王勃然大怒，厉声痛斥，双方在对骂中大打出手。这件事的后果是小王不但要承担学生治伤的医疗费用，还要接受记过批评、停职察看的处分。

从这件事来看，如果我们在盛怒之下不够理智，对人讽刺挖苦、呵责怒骂甚至大打出手，虽然发泄了心中的怨气，但也往往会激起他人更强烈的反抗与仇视，与最初的目的背道而驰。

当代的中学生独立自由、个性大胆，对老师家长的要求绝不会言听计从，因此长辈们要想尽进忠言，就得讲究方式方法，否则不但不能帮助他们改正错误，取得进步，反而会落个自讨没趣的下场。我就曾有过这方面的经验——

有一次，班上一个学生拒戴校牌，还与班长大吵一架，犯了错误以后，不但不留下来接受处理，反而一连几天都见我就逃。刚开始我气得要命，决定抓住他之后一定要严词声讨，重重处罚，可是等愤怒渐渐平息以后，我不禁想道："这个孩子性格倔强，严厉批评恐怕会令他反感，还是心平气和地打开他的心结再说。"

这天放学后，我发现他居然又想溜走！我快步走到他的面前："小凯，等会到我的办公室来。"没想到他竟然对我说："我不去！""为什么呢？""就是不想去！"见他牛劲上来了，我仍然语气和善："我们好好谈一谈！""不想谈！"他丢下这句话起身朝门外走去。一丝委屈涌上我的心头，但我来不及细想，也紧跟了出去。他背着书包进了男厕所，我站在外面等，一阵风吹来，让我的心更加冷静："今天无论如何一定要设法和这孩子谈一谈，否则对立情绪不知会持续多久！"他从厕所走了出来，见我竟然恭候在此，一愣，又快步向教室走去。我拉住他，再次诚恳地说："小凯，能和老师谈谈吗？""不想！"他仍然挣扎着。我紧紧扒着他的肩膀："好，就在这里谈。"他停止了挣扎，但把脸转到了一边不看我。我是又好气又好笑，但我仍用温和的口气说道："你是不是以为老师又要批评你，觉得很烦？"他的眼睛忽闪了一下，似乎是被我说中了心中的想法。"老师今天不是来骂你的，只想帮助你找到自己身上存在的问题，然后帮助你解决问题！这几天，我一直在留心观察你，看到你对工作还是尽心尽力的，认真地组织大家排队、锻炼，另外篮球队也带得不错，练得很投入，这一切都说明你是很有上进心和集体荣誉感的！"他的眼睛又忽闪了一下，面部表情柔和了许多。他微微地侧了侧身，转过半边脸来，仍然不作声。我继续说："我发现你对老师的管理有很大的意见，这个疙瘩放在你心里再不解开，就会越来越紧。希望你坦率地提出来，不要窝在心里！只要是合情合理的意见，我都接受。"他终于说话了："我觉得你管得太宽了，让人觉得烦！""你说说哪些地方老师管得宽了？""女生说你老管着她们的头发，男生觉得戴校牌不方便。""那你说实话，你觉得女生上学留个"超女"发型合适呢还是梳得清爽整齐好看呢？""后者好看。""说得对，这证明你是有是非标准的人。其实，老师也不想说你们，只是戴着校牌看起来更规范，也可以防止不法之徒混入学校。老师也理解脖子上挂着校牌确实有不方便的时候，天热运动时可以摘下来，其余时间都戴，好吗？老师希望得到你的理解和支持，克服困难给同学们带个好头！"他第一次点了点头，这时，他已经转过脸来看着我了。接下来，我们的谈话就顺畅多了，他也愿意尽量与老师沟通，不耍脾气了。

回过头来想想，我很庆幸自己没有意气用事，而是用和善平等的态度与学生们沟通。这样，孩子们才能在整个过程中学会善待他人，用尊重与交流来解决问题。

我的同事潘老师也用这个方法赢得了家长的支持。

她在班上开展家校共读共写《做最好的家长》的活动，绝大多数家长都很配合，陆续交来读书笔记，唯有一位家长不但以工作忙为由拒绝履行家长职责，还和女儿大吵大闹："不写又怎样？我凭什么管这事？老师天天没事干，让我们写什么读书笔记？学校才是真正该管你的地方，要不然我去当老师得了！这本书有什么了不起，我明天就把它拿到你们学校去撕了！"

天下竟有如此父母！相信每一个听到这话的人都会义愤填膺，女儿自然是伤心不已，潘老师也气得立刻拿出信笺，写了一封措辞严厉的信，狠狠教训了他们一通，即便如此还不解恨，她甚至在信中威胁家长说下次开家长会时要当众公开这件事。可写完这封"洋洋洒洒"的批评信，潘老师却陷入了沉思，她说："我的心中并没有感到轻松，相反却如灌铅一般沉重。我静下心来，重新审视这件事，孩子的父母都是边远地区来城里务工的农民，再加上没有多少文化，在城里打拼十多年，做点小生意也不容易啊！这样做不但不能帮助他们提高教育水平，反而会激化矛盾，把事情弄得更糟！"于是潘老师把写好的信撕了，拿起信笺重新写了一封情真意切的信，在信中热情洋溢地赞美他们的女儿是一位聪颖、好学、有责任心的女孩。她待人善良、真诚，是同学中的楷模，她的优良品质一定是源自家长的言传身教。潘老师还在信中感谢他们对学校与老师的信任，希望能和他们在家长会上做一个经验交流。

令人惊喜的事发生了，一周后，女孩的父母交上了第一篇读书笔记，虽然仅有歪歪扭扭、不太通顺的几行字，但却是一个不小的进步！潘老师终于如释重负，她说："从此事中我真正体悟到了以平和心态对待言辞激烈的家长，也会收到意料不到的效果。"

我的同学小史在一家外资公司上班。有一次，他手下的职员由于缺乏经验，把一项工作搞砸了，小史又气又恼。气的是自己稍微离开一会儿，手下就出差错，这个项目多半也泡汤了；恼的是这件事给公司造成了不小的损失，一旦经理大发雷霆，自己也有口难辩，心里郁闷哪！在去经理办公室的路上，他的心真是七上八下、忐忑不安。没想到经理开口就说："小史，你的部门出了差错，你是最不愿意看到这种局面的。我们也知道你一直是非常认真负责的，要是你亲自在场，就不会发生这种事。这个项目仍由你负责，相信你能查出问题，及时解决，给公司上下一个惊喜。""我简直乐开了怀，没想到领导不但没训斥半句，还继续委以重任，我决心尽心尽力把这个项目做好，以对得起他的信任。"当然，小史也说到做到了，他以前所未有的热情和责任感打了一个漂亮的翻身仗。

我想，小史的上司应该是一个充满智慧的人，是他用友善、赞许和信任让这个年轻人弥补了错误，取得了成功。

常言道：温柔友善的力量，永远胜过愤怒和暴力。我们大家都应该学学如何友善地对待他人，化干戈为玉帛。

踏实过好每一天

知道吗？有些年轻教师中有一种奇怪的现象——天天盼着退休，仿佛一退休就能过上幸福的生活，而现在是"一年三百六十日，风刀霜剑严相逼"。"每天都在做着大量重复烦琐的工作，想到退休了这种无法量化的日子才能到头，真是感到前途茫然啊！"一位刚工作了三年的年轻教师如是说。"总担心班上成绩不好拖了后腿，学生分数一下降就着急上火睡不好。"一位优秀的青年教师倒着苦水。是啊！年轻教师在教过一轮学生之后，初为人师的新鲜感就会过去，再加上工作重复烦琐，问题层出不穷，难免滋生倦怠烦躁、担忧茫然的情绪。

大多数教师都有过这样的阶段。记得工作三年以后，过大的工作压力令我无法放松情绪，紧张、忙碌几乎使我到了诸事皆烦的地步。我的身体也每况愈下，内分泌失调紊乱，还为此动过一次大手术，医生再三强调，我的病都是由于精神紧张所致，希望我学会放松自己。我接受了医生的忠告，设法减轻工作的压力。我意识到除了工作本身外，烦躁焦虑的情绪更使人感到身心俱疲。我不但在烦恼今天的问题，还在担心明天的困难，我怎能不为工作所累呢？

　　有一天，我正站在厨房里看老妈做饭，她熟练轻快地洗着菜，切着肉，锅铲上下翻飞，脸上汗珠直冒，我忍不住问："妈妈，你天天做饭烧菜，不觉得累、不觉得烦人吗？"老妈轻轻一笑，不以为然地说："早就习惯了，每天这几个菜，不一会儿就炒好了，谈不上劳神费力，看着你们吃得香，心里也高兴！"我不禁若有所悟："妈妈做饭也有四十几年了，要是她知道成家生小孩之后有这么多家务事等着她做，几十辆车的食物等着她处理，她可能早就打退堂鼓了。正因为她每次只想着做当天的饭菜，所以从不感到苦累烦人。而我呢，既懊恼昨天的饭菜做得不好吃，又担心今天的饭菜不合人口味，甚至还烦恼明天的饭菜该怎么做。昨天的、今天的、明天的烦恼，压得我已经喘不过气来了。"

　　我为以前的无知感到惭愧，每天站在讲台上给学生讲怎样才能生活得有意义，而自己却终日过着忙碌、紧张、烦恼的生活，这不是一个绝妙的讽刺吗？

　　"兵来将挡，水来土掩""船到桥头自然直"。古人尚且有此智慧，我们今天也一样能做到。我试着改变自己的思维方式，将昨天、今天的焦虑像丢垃圾一样扔掉，也不预支明天的烦恼。我对自己说："既不后悔过去，也不担心未来，我只踏实地活在当下。当我真正遇到生命中不可知的让人害怕恐惧的事时，相信老天爷会给我智慧与力量！"

只要踏踏实实地活在今天，我们不但不会浪费精力，还能应付庞杂的工作。

"二战"的时候，美国的一个将军也曾处于极度的紧张与烦恼中：人员需要调遣，物资需要装备，敌情需要探查，伤亡不断加剧……将军对眼前的混乱感到非常迷茫，对战局的走向充满了担忧。他说："局势需要判断，有大量的工作要做，我非常焦虑，一连几天难以入眠。突然，我从轮船的工作原理中得到了启示。轮船只有在几个防水的隔舱独立发挥作用时才能全速前进。按下按钮，铁门隔断过去；再按下按钮，铁门隔断未来。人也该像轮船那样，学会生活在独立的今天之舱中，这样才能让生命之船顺利向前。于是我不再为过去的事操心，也不再为尚未发生的将来忧虑，我只需向参战人员提供最好的装备，向他们布置目前看来最合理的任务，我就又能精力充沛地指挥作战了。"

那么，我们怎样踏实过好每一天呢？

你可以试着只做今天的工作，而不去回想昨天做砸的工作，也不担心明天的工作会做得不好。

你还要学会在平凡小事中寻找乐趣。批改作业是我们每天都要面对的工作，你完全可以把它变成一件有趣的事。比如在作业本上画上不同的图案，有时是笑脸，有时是竖起的大拇指，有时是闪闪发光的星星……再加上言简意赅的评语，自己看来也会忍俊不禁呢！工作一旦有了创造的趣味，我们就会乐在其中，哪还顾得上烦躁不安？大凡成功的人都懂得在工作中享受快乐。丁肇中每天花大量的时间待在实验室里，别人大多认为他肯定十分疲惫，他却认为：观察物体的每一次变化都是有趣的，时间总是在不知不觉中飞快地向前跑，没有想到累不累。

你还应尽量使自己带着享受每一刻的心态面对你的教育生活。有的老师每天走进教室之前都叫苦不迭："哎！面对那一群'小跳蚤'，又要去板命（四川方言，苦苦挣扎的意思）了！"有的老师却能聪明地控制自己的情绪："和学生一起讨论交流就犹如大家共同做蛋糕，想着和他们一起做，一起分享，我就对这一节课充满了期待，哪怕有学生不领情，也不能破坏我享受美味的心情。"如果你不想在去教室的路上就处于亚健康的心理状态，就努力学学后者，调整调整心态吧！

昨天已成追忆，明天还需等待，我们唯一可以抓住的也只有今天。年轻的同行们，明天自有明天的烦恼，不要把希望寄托在遥远的将来，何必等到退休以后才来享受幸福的生活呢？达·芬奇说过：劳动一日，可得一夜安眠；勤劳一生，可得幸福长眠。只要我们尽力把今天的事做好，就是为明天做充分的准备，这样到临终的那一天，我们就可以对自己说："我这一生虽平淡平凡，却过得快乐而充实。"

学会消除不良情绪

年轻的老师们，由于我们的工作离不开与人打交道，这就意味着在我们的生活中一定会遇到各种各样的问题，从而导致诸如忧虑、焦躁、恐惧、不安、失望、妒忌、憎恨、自卑、沮丧等不良情绪的产生。如果不及时加以清除，就很容易形成坏的惯性思维，影响我们的性格，改变我们的命运。

下面以四种常见的不良情绪为例，说一说我们该怎样面对不良情绪。

消除忧虑紧张

因为职责所在，又常抱着"先天下之忧而忧"的文人情怀，教师往往什么事都喜欢替未成年的学生操心在前，所以忧虑就成了我们教师最常见的不良情绪。有的教师说："我常常会感到忧虑、急躁、紧张不安。真是'才下眉头，却上心头'呀！"

当我们感到忧虑时，首先要试着分析忧虑从何而来，找到引起忧虑的因素，帮助自己从混乱迷茫的状态中解脱出来。可以问自己这样一些问题："我为什么感到忧虑？""我想的或做的什么事造成了这种感觉？"接着再让自己回答几个问题："我需要改变哪些想法才能带给我安全感？""我采取哪些措施才能消除危险？""目前，我能实施的最明智的行为是什么？"这些带有乐观倾向的问题会在不知不觉中激发你下定决心，找到方法，减轻忧虑，从而更大程度地控制你自己和周围的环境。最后就是采取有效的行动，坚持实现自己的愿望了。

我的一位同事在 SARS 流行期间差点忧虑出病来，她说："我十分担心学生到处乱跑感染了病毒，一有学生咳嗽我就紧张得要命。后来我明白对病毒缺乏了解是造成我担忧的主要原因，其实只要用科学的概率来进行比对就可以消除我的恐慌。每天死于车祸的人远远超过死于 SARS 的人，我干吗要白白地担心呢？我只需把正确的防疫方法教给学生，注意观察，及时上报处理就可以了。"这位老师果然不再忧虑了，在后来经历"汶川大地震"余震期间，这个方法同样有效。她说："我了解了关于地震的知识，知道在同一地点出现两次 8.0 级的地震的概率很小，且成都平原的地质构造也比较让人放心，于是我又能泰然自若地组织学生上课了。"

让自己忙着也不失为一种好方法。我的同事陈老师有一段时间压力特别大，因为班上的一模、二模考试成绩都不太理想，陈老师常常唉声叹气，忧虑得睡不好觉。不过，她慢慢改变了战略之后，情况也开始随之变好。她总结道："当我意识到是怕考不好丢面子的想法让我忧虑时，我决心不做于事无补的傻事。我要尽我所能忙起来，找学生谈话，做好他们的思想工作；给基础差的学生补课，不让他们落得太远；做做题，研究考点。总之，尽量不让自己有时间发愁。下班后，我也不闲着，做做操，放松身体和情绪，有时做完操躺下就睡着了。"不错，脑袋空出来，就会有东西补进去，与其等忧虑伸出爪子来袭击我们，不如忙着去做一些有用的事。陈老师正是用这种方法消除了忧虑紧张，不但身体健康了，学生的成绩也提高了不少。

消除失望灰心

当你备好课，期望学生能睁着亮晶晶的眼睛看着你，能积极踊跃地回答问题，走进教室却不是那么一回事时，你肯定会感到沮丧；当你希望得到家长的支持，他却告诉你"我们也没办法"时，你肯定会感到悲哀；当你相信自己能通过职称考核，结果却落选时，你肯定会感到失败灰心。生活就是这样，我们希望得到的东西不可能都得到。当我们追求不切实际的目标或者抱有过高的希望时，我们就有可能让自己失望。

当我们感到失望时，有必要先分析评估一下自己的情绪："我为什么会失望？""我的期望切合实际吗？""我还能实现我的愿望吗？"如果发现原有的目标不可能实现，就要把注意力放在能控制的事情上，继续寻找："我现在最重要的目标是什么？""哪些行动会对实现目标有效？""目前我能采取的最好行动是什么？"确定切合实际的目标，找到最能支持自己的信念，开始最有效的行动，不仅可以把我们的失望无助降下来，而且能让我们重燃激情，向成功迈进！

葛老师是一所普通中学的语文教师，当她开始接手一个问题班时，她感到极度失望，茫然无措。她说："我从没教过如此厌学的学生，上课不是睡觉，就是传纸条、说小话，强调纪律只管得了一会儿，我累得要命却毫无成果。我无法接受这个现实，灰心丧气得差点要崩溃。这时我问自己：难道真的就没有一点办法了吗？我对这群学生的要求是不是太高了？我发现让他们整节课都乖乖听课、做练习是不切合实际的。学生们既然如此爱讲话，就让他们讲个够！"于是葛老师干脆放弃了原有的教学计划，专门组织学生讨论他们感兴趣的话题。学生们有了正大光明说话的机会后，不再打瞌睡了，课堂活跃了起来。接下来，葛老师再要求学生说得有序、有见解，逐步引导课堂向活而不乱的标准靠近。学生一天天好起来，葛老师的失望灰心也烟消云散了，她感叹道："根据实际情况重新确立目标后，没想到学生也能呈现可爱的一面，这个班让我看到了希望。"

消除嫉妒怨愤

有时候，嫉妒不是因为我们得到的不多，而是因为别人得到的比我们更多。看到别人家庭幸福、收入增加、受人尊重，而自己却相形见绌，我们就很容易产生嫉妒的情绪，要么闷闷不乐，唉声叹气怨自己；要么愤愤不平，指天骂地怪别人。嫉妒不能帮助我们实现理想，既损害健康又影响形象。总之，是"一种无能的表现"。

当意识到嫉妒正在破坏心情时，我们同样可以赶走它。问问自己："什么观念让我感到不满？我在担心什么？""目前什么对我最重要？""怎样做我才能不再气愤，不再分散精力，更多地关注自己，完成最重要的事？"当你把关注点放在自己所拥有的东西上，计划着如何创造自己没有的东西时，你就会走出嫉妒的泥淖。

"别的班考得比我班好，别的老师受到领导的表扬，我心里总是不舒服，明知不对，可又没法控制自己，我该怎么办呢？"小胡老师很坦率很苦恼地向我询问。我告诉她可以用转移关注点的方法试一试。过了一段时间，她欣喜地告诉我："感觉好多了。这一次我们学校评职称，虽然和我同期分到学校的同事有好几个都评上了一级，可我一点也没为落选难过。以后还有机会，现在最重要的是积累足够厚实的资本，争取明年评上。把生气的时间拿来多写几篇论文，更值！"

消除自卑沮丧

有的年轻教师总抱怨自己职业地位低微,过着两头受气的日子;有的年轻教师总悲叹技不如人,在同行中抬不起头来;还有的年轻教师总希望成为别人,不顾一切地全套照搬。当我们老是羡慕别人,看轻自己时,我们就会陷入自卑和沮丧,把生活搞得一团糟。

没有漂亮的形象、流利的口才、丰富的经验、自信的性格、骄人的成绩、可观的收入并不可悲,最可悲的是不能正确认识自己。要时常提醒自己:"是什么让我产生自卑的感觉?我把所有的责任都归到自己头上了吗?""我可以做哪些事来关爱自己,让生活更加美好?""采取什么行动对我最有利?"如果我们能客观分析自己的优缺点,扬长避短,就能发掘潜力,不断前进,也许之后取得的成绩会让自己也大吃一惊!

初为人师的小李为自己平凡得有点难看的相貌而暗暗自卑,担心学生会取笑自己。她调侃自己:"你愿意上课时永远战战兢兢、度日如年吗?让他们嘲笑我的相貌总比嘲笑我的怯懦好。"于是她悉心准备上课内容,对着镜子演习了一遍又一遍,直到自己满意为止。尽管站上讲台的瞬间她的脚还在发抖,可她仍然绽放最自信的笑容。那一节课,学生都沉浸在学习的快乐中,根本就没人在意老师的相貌。小李信心大增,她又鼓励自己:"这节课的成功,说明学生更看重老师的学识,他们是信任我的。"她不断完善自己,努力做到教学方法新颖，教学成绩突出，她还被学生私下评为最幽默风趣、最有魅力的女老师之一。

自信的人看得见自己的优势并充分发挥它们，他们也明白自己的劣势，但并不因此否定自己；他们的自信不是来自与他人的比较，而是来自对自己努力的肯定，因为他们知道山外有山，唯一可靠的是自己的进步。只要自己可以努力，可以创造，就无愧于心，就与沮丧告别，就与希望同在，这就是最深厚的信念、最强大的武器。

当你被不良情绪困扰，感到绝望时，不妨试试以下方法：

记叙表述自己的情绪（可以写在日记里，也可以告诉值得信任的朋友），让自己冷静下来，理智分析造成这种情绪的因素；

转移关注点，想想哪些方法可以降低这种情绪的伤害；

选择最佳方法并马上实施行动。

这些方法并不是包治百病的灵丹妙药，只是希望你能在生活中不断实践，灵活运用，尽量获得内心的宁静与快乐。

养成良好的工作习惯

良好的工作习惯有着极大的力量，可以带给我们成功的喜悦。而坏的工作习惯往往使我们平庸，甚至把我们引向迷途和深渊。

每天早上，当我们迎接第一束阳光的时候，不妨对自己说："又要享受一天的工作了。"刚开始的时候，也许有点勉强，但是经常这样做，你会发现自己真的轻松起来了，身上似乎充满了力量去完成任务，哪怕这些工作在原先看来是多么庞杂。我们的生活就是我们的思想造就的，当我们等着去享受工作带给我们的乐趣时，我们就降低了担心的程度，增强了工作的欲望，我们就真的能找到快乐。除了睡觉，我们每天超过一半的时间都在工作，干吗不让自己快乐点呢？请记住，要养成经常默念"我要享受我的工作"的习惯。

教育工作细小而繁多，一些偶发事件又随时可能发生，如果不加以统筹计划，就很容易陷入忙而无序、被琐事牵着鼻子走的状态。因此我们要养成管理时间、规划工作的习惯。我曾经看到一个很有效的方法：把事情分成四类——重要又紧急的事、重要不紧急的事、不重要但紧急的事、不重要不紧急的事，然后根据事情的重要程度加以处理。先做重要又紧急的事，最后做不重要不紧急的事。根据这个方法，我养成了在头一天安排次日工作的习惯：什么时候上课？什么时候批改作业？什么时候找学生谈话？什么时候总结反思？……即使有什么突发事件，我也能做到及时调整，忙而不乱。我的同事胡老师也用了这个方法，她总能在上班时间抓紧完成重要的工作，然后轻轻松松回家休息。

有些人总是随兴所至地安排自己的工作，他们往往喜欢做那些看似紧急或自己感兴趣的事。一个电话来了，和朋友、家长聊个没完，聊完后才发现时间已过了半天，今天的工作还未着手。你也许会说："家长的电话怎能不接呢？"除了重要的电话之外，你完全可以长话短说或请他在下一个时间段打来。也许你会被游戏迷住，也许你会被故事吸引，生活中的我们常常被既不紧急又不重要的事牵绊，打乱了自己的计划，到头来只剩下无可奈何："哎！今天又一事无成，教师的工作就是太多太烦！"当然，我们不必追求完美，总是一成不变地按重要程度来做事，但管理好时间、计划着做事的好处绝对要超过随兴所至地处理问题。

教师的责任感很容易让我们犯事必躬亲的毛病。我们总是担心学生失败受伤害，总是担心学生做不好会更麻烦，总是喜欢在旁边指指点点不愿放手。我甚至听到有老师抱怨说："学生干部不理想，管理只会更乱，我宁愿班上一个干部都不要，也不愿添麻烦。"殊不知大事小事都要管，方方面面都要抓，时间不够用，精力也不济，只会被责任感透支，把自己搞得劳累憔悴，紧张焦躁。作为课堂的组织者、班级的管理者，我们有必要学会这样工作：责任上移，权力下放，让学生真正成为课堂的主人、班级的主人。只要我们能优化小组合作，分层负责，相互监督，我们就能逐渐达到教是为了不教、班级自治的程度。只有这样，学生才能真正培养能力适应未来的发展，我们也才能提高效率，远离繁重无效的工作，逐渐轻松、健康长久地工作！

教育的发展核心是教师的发展，只有教师自身发展了，才能带动学生的发展。因此我们要养成坚持积累点滴、不断发展自我的习惯。比如曾获"冰心图书奖"的著名教育专家李镇西每天坚持的"五个一"工程：琢磨并上好一堂课；找一个学生谈心；写一篇教育随笔；读一万字的教育专著或对教育有启示的书；思考一个教育问题。"只要坚持每天做平凡的工作，我们就能成就不平凡的事业。"李镇西正是做着别人不愿做或做了却没及时记载、反思的平凡小事，才能有所建树，终成大家。

如果你暂时还达不到这样的程度，也不要着急。

你可以给学生建立成长资料袋，把他们的性格特长、兴趣爱好、优点缺点、奖惩情况以及成绩变化、参加集体活动的情况、你与他的谈话记录等信息不断地装进去，这样既可对学生进行鞭策、鼓励，又可迅速、全面地了解学情，为教育研究打下坚实的基础。

你也不必对教育随笔心存畏惧，优秀教师卢军在他的《教师成长关键词》一书中介绍了教育随笔的写法，我这里做大概地引用：你只需做忠实的记录，叙述自己经历的教育故事即可：今天遇到了什么问题？怎样想办法解决？解决到什么程度？过程方法怎样？总体效果如何？收获和不足是什么？哪一点让你感触最深？其中，思考和反思是灵魂。形式不拘，话多则长，话少则短。实在没内容写，就问自己三个问题：今天完成了哪些工作？班级发生了哪些事件？明天的工作如何安排？或者问一问自己：今天读了哪一篇文章？有什么感想？或者以某个学生为对象，给他写信……这些心灵对话日积月累地记录下来，至少可以成为你教育教学上的参考、美好的回忆甚至考核晋级的依据。最后，卢军引用了苏霍姆林斯基的一段话来勉励我们："如果一位内行教师、富有创造性的教师，在结束其一生的创造活动时，把他在长年劳动和探索中的一切成就都带进坟墓的话，那该失掉多少珍贵的教育财富啊！"

衷心希望青年教师能养成经常默念"我要享受我的工作"的习惯，管理时间、规划工作的习惯，责任上移、权力下放、分层负责、相互监督的习惯，积累点滴、不断发展自我的习惯。

养成良好的生活习惯

工作不是生活的全部，我们还要学会分配工作以外的时间，学会在休闲娱乐中寻找新的目标、新的乐趣，放松心情，强健体魄，以更好的状态享受工作，享受生活！因此，养成良好的生活习惯对我们来说就显得更加重要。

俗话说"民以食为天"，养成良好的饮食习惯对我们来说最为重要。在学校食堂里，我们常常看到一些老师狼吞虎咽之后就抓起资料跑去辅导学生，甚至一些老师来不及吃早餐就奔往教室。虽然敬业精神十分可嘉，可长此以往，不是饥饿疲乏无精神，就是消化不良患胃溃疡，既损害身体，又影响工作。

我们要学会充分咀嚼食物，让食趣在舌尖停留，让心情在轻松、愉快的进餐中变得宁静平和，让同事之间的关系更加和谐融洽。

我们要调整我们的饮食习惯，不妨每天早上提前二十分钟起床为自己准备一顿健康早餐：一份牛奶、一个鸡蛋、一份米面食品、一个水果；提醒自己午餐不要晚于十二点，午餐晚餐的进餐时间不要少于三十分钟，因为医生的建议是每顿饭吃三十分钟左右，我们的饮食中枢才有足够的兴奋时间；不太忙的时候，我们还可约上好友到附近餐厅改善一下口味；告诫自己不要为了让学生考个好成绩而挤占自己本已少得可怜的进餐时间。

要养成经常做放松运动的习惯。由于我们不是久站就是久坐，很多办公室一族的职业病都会找上门来。我们首先要学会在工作的间歇放松眼睛，闭上眼，对着它说："放松，放松，再放松，不要紧张。"再放松紧皱的眉毛，眨眨眼睛，转动眼珠，这样你就不会感到眼干胀涩、紧张疲倦了。其次就该放松颈肩部和腰腿部了，绝对不要连续两小时保持同一姿势，不然就很容易得颈椎病、痔疮和肥胖症。坐一会儿就习惯性地转转脖子，伸伸懒腰，起立走走或深蹲几下，闭目静默或临窗远眺。这样，你是不是感觉更有精神了呢？

当然，下班以后，你还可以通过各种形式的运动来彻底放松自己。只要是成本不高的运动都可以积极尝试，打篮球、打乒乓球、跳健美操、练瑜伽、慢跑、游泳、骑车远游都是不错的选择。关键在于养成习惯，达到舒活筋骨、放松肌肉、愉悦身心的目的。

我们还要养成良好的睡眠习惯。很多年轻人都是"夜猫子"，习惯看电视、翻杂志、上网、聊天到深夜，误以为晚上清净，效率高。殊不知时间一长，就会显现出弊病来。睡眠不足，第二天精神不振不说，还会导致生物钟紊乱，引发内分泌失调、睡眠障碍等损害身心健康的疾病。

最好在晚上十一点之前就入睡，因为这个时候睡眠效果最佳。中午十二点到下午两点之间，也可以休息十五到三十分钟，这样可以保证下午继续精力充沛地开展工作。有的人还在下班后晚饭前抓紧小憩一会儿，以起到减轻疲劳、养精蓄锐的作用。美国大企业家亨利·福特总是精神奕奕的秘诀就是：能坐下的时候绝不站着，能躺下的时候绝不坐着。如果你能多休息一小时，你就能多增加一小时的清醒时间。

疲劳会产生紧张和烦躁的情绪，降低工作效率。让我们抛开烦恼，在疲劳之前休息。这样我们就能避免疲劳，精神焕发，以轻松愉快的心情干出更好的成绩！

培养健康的业余爱好也很重要。

静下心来读书可以让我们的心回归家园。阅读一本好书，如同享受一道精神美餐，绝不能胡翻乱读。要专注投入地读书，边读书边做笔记，肯下功夫，这样不易遗忘；要慢慢咀嚼、细细品读，这样才能与大师进行心灵的对话，领悟巴金的率真、鲁迅的冷峻、曹禺的激情、钱锺书的深刻。不怀功利心地读书，你也会变得从容淡定。

欣赏音乐可以让我们陶冶身心，促进健康。何不听听《春江花月夜》《假日的海滩》消除疲劳、舒缓紧张？何不沉浸在《喜洋洋》《蓝色狂想曲》中，忘掉忧伤、振作精神？何不伴着《春思》《催眠曲》安然入梦、直到天明？天籁之音带有不可思议的神奇力量，我们试试又何妨？

良好的人际交往可以让我们享受到家庭的温馨、友谊的真诚、爱情的甜蜜。常听到有的年轻教师抱怨自己压力大、时间少、圈子小、交友难，深感孤独自卑、郁闷焦躁。其实，经常参加必不可少的社交活动是大有好处的：一起喝喝茶、聊聊天，一起看电影、逛公园，一起努力打拼、欢呼雀跃！多给自己一些时间，多给周围的人一些机会，你就能用宽容与体谅营造出最美的亲情、友情、爱情。

此外，钓鱼、书法、集邮可以磨炼我们的耐心，让我们不焦不躁、认真仔细；旅游、摄影、登山可以让我们领略美景，从一草一木中感受生活；下棋、打牌、竞技可以让我们的思维更活跃，态度更积极。

当我们有了良好的休闲习惯，我们就学会了从工作到娱乐，再从娱乐到工作，我们就能享受二者的乐趣，从而更好地生活！

请记住，千万不可小视这些良好的生活习惯：正确饮食；保质保量睡觉；经常做放松运动；拥有健康的休闲娱乐活动。

做一名快乐幸福的教师

有人说："教师是人类灵魂的工程师。"有人说："教师是蜡烛，燃烧自己，照亮别人。"还有人说："教师就是一个普普通通谋生的职业，渺小且自视甚高。"

这些话虽不无道理，但却都没有点中核心。我认为教师首先应该是享受工作、生活的乐趣，并给他人带去幸福的人！

很多人认为外部环境的优劣决定了我们的快乐指数，于是拼命想改变这个世界，却很少想到改变自己。其实，幸福只是一种积极的态度，一种心灵的主观感受，它更应该由你自己来选择和决定。

你可以经常埋怨自己钱挣得太少，也可以计划开支自在生活；你可以对别人的批评激动愤怒，也可以冷静客观、泰然处之；你可以为小事斤斤计较，也可以付之一笑、抛诸脑后；你可以为别人的忘恩生气抱怨，也可以不求回报并以此为乐；你可以对他人妄议指责、尖酸刻薄，也可以热情真诚、友善待人；你可以被挫折不顺折磨得灰心沮丧，也可以耸耸肩膀，从头再来；你可以后悔过去、忧心将来、无所适从，也可以抓住现在，踏踏实实，享受生活！

决定做教师，就要做快乐幸福的教师。除了努力消除不良情绪之外，一些调整心态的小窍门可以让我们更加热爱生活——

记下快乐的事。这些快乐的事包括美妙的场景、战胜困难的经历等。当你面临新的挑战时，当你情绪低沉时，你就可以翻开这些记录，再现当时的声音、颜色和行动，回忆令人愉快的经历，强化你的最佳状态，从而找到灵感，增加信心。

"都说痛苦成就诗人，可我却喜欢记下美好的回忆。"优秀校长张老师说，"成功激励成功，美好带动美好，当我怀疑自己时，我就回忆过去克服重重困难最终成功的经历，那些激动人心的美好又让我浑身充满了力量！"如今退休后的张老师已经成了一名优秀的企业家。

常常抱着原谅的态度。每个人终归会为他所犯的过失付出相应的代价，了解这一点，你就会原谅别人，不会用别人的错误惩罚自己，你不再与生活较劲，你的痛苦将成为过去。

感激自己、别人和所有美好的东西。感激并珍惜我们所拥有的，就是对生活的最好回馈。感激自己能与活泼青春的孩子们一起品尝成长的酸甜苦辣；感激别人带来的启示、帮助、欢乐与痛苦，这些能让我们有更开阔的视野了解人生；感激所有美好的事物赐予我们生命甘露中的每一滴。

爱自己、相信自己。相信自己，你就能掌控自己的生活。不要总是被忧愁、痛苦、悲哀的情绪困扰，不要沉溺于对往日失败的回忆中，胜败乃兵家常事，超前和落后也是可以变化转换的。正确看待竞争，不以成败论英雄，不把与他人相比作为衡量自信心的唯一标准。客观分析自己的优缺点，不妄自菲薄，多关注自己的长处，设定短期小目标，把握机会，不断行动，自信地决策和创造属于自己的成功人生！

一位从小家境贫寒却取得成功的朋友告诉我："自嘲但不自卑，把'相信自己'印入脑海，你就接近成功了！"如今，我早已把给我无穷力量的"相信自己"当成座右铭，我将在它的鼓励下继续前行。

专心致志、尽我所能。"谋事在人，成事在天。"尽我所能，不留遗憾。排除杂念，全心全意去做事，身心都能得到快乐！

优秀的邹老师说："我从不考虑结果会如何，也不管这条路上会遇到多少风风雨雨，我只管尽力做好分内的工作，无愧于学生、家长和自己。"公道自在人心，功过自由时间评说。专心致志工作，快快乐乐生活！

作为教师，我们快乐幸福，不在于我们拥有很多，而在于我们怎样看待自己的拥有。"人生哪能事事如意"，不如意的事，想开了是天堂，想不开就是地狱。人的烦恼大半来自狭隘、贪心、嫉妒、攀比和对自己的苛求。我们怎样走好教师这条职业路，比达到人生目标更为重要。让我们直面人生，甩掉沉重的包袱，变得更坦诚、更豁达、更智慧、更自信，与学生一起成长，与快乐幸福同行。